사료로 보는
한국사의 변동

사료로 보는 한국사의 변동

박재우
조성산
임경석
오제연
지음

성균관대학교 출판부

서문

이 책은 한국사의 주요 대상을 사료를 통해서 관찰하도록 꾸며졌습니다. 한국사의 전개과정을 네 개의 시대로 구분하고 각 시대별로 당대의 특성을 잘 드러내는 연구 대상을 4-6개씩 제시했습니다. 각 연구 대상은 한국 역사의 쉼 없는 변화 양상을 다루고 있습니다. 상호 모순하는 대립물을 갈등과 통합이라는 쌍방의 관점에서 관찰하거나, 토지제도와 불교사상, 정부 정책의 변화 양상 등을 인과론의 관점에서 포착하고자 시도하고 있습니다. 어느 것이나 다 한국사의 변동 과정에 내재하는 일정한 경향성을 1차 사료에 밀착하여 포착할 수 있도록 돕고 있습니다.

이 책은 사학과 대학원 초년생을 위한 것입니다. 처음으로 석사과정에 진입한 대학원생에게 적합한 교육용 교재입니다. 대학원에 처음 발을 내딛은 학생들은 여러 가지 생소한 환경에 접하게 될 것입니다. 교육 및 연구 환경도 변하고, 선후배 교우관계도 달라집니다. 하지만 그중에서도 가장 큰 변화는 수업의 내용과 방식일 것입니다. 대학원 수업은 학부과정에서 이수했던 공부 방법과는 다르게 이뤄진다는 것을 체험하게 됩니다. 종래에는 학습자적 관점에서 이미 완성된 역사학 지식을 수용하는 방식으로 교육이 이뤄졌다면, 이제는 다른 방식으로 수업이 진행됩니다. 학습자가 아니라 생산자 관점을 갖도록 요구받습니다. 역사학 지식을 스스로 생산하는 능력을 갖출 수 있게끔 훈련을 받게 됩니다.

무엇보다도 먼저 기존의 연구 논저를 대하는 태도가 바뀌게 될 것입니다. 학습자의 관점에서 기성의 역사인식을 공손히 수용하던 태도를 벗어나, 그 성과와 한계를 비판적으로 고찰하는 태도를 갖도록 요청받을 것입니다. 그뿐이 아닙니다. 사료에 입각하여 역사상을 구성하는 훈련을 받게 됩니다. 대학원생 스스로 1차 자료에 밀착해서 정보를 수집하고 분석해야 합니다. 폭넓은 사료 탐색과 정밀한 독해가 필요하게 됩니다.

사료를 가까이 하기 위해서는 언어에 대한 능력을 제고할 필요성이 제기됩니다. 유의미한 정보를 내장하고 있는 사료는 현대 모국어가 아니라 고전 언어와 각종 외국어로 작성되어 있기 때문입니다.

여러 언어로 쓰여진 사료를 종횡무진 독해할 수 있어야만 풍요롭고 두터운 역사상을 구축할 가능성이 확장됩니다. 대학원 신입생들은 자신의 관심사와 관련된 어학 능력을 증진하려는 노력을 기울여야 하겠습니다.

정보를 가공하는 데에는 논리적 사고력과 인간에 대한 통찰력이 요구됩니다. 그러한 능력은 사료 독해를 통해서 정보를 수집하는 데에도 필요하고, 수집된 정보를 분석하여 유의미한 지식을 추출하는 데에도 필요합니다. 더 나아가 종합적 사유를 통하여 역사상을 구축하는 데에도 요구됩니다. 따라서 대학원 초년생에게는 생각의 힘을 키우려는 노력을 기울여야 합니다. 동서양의 고전을 비롯한 다방면에 걸친 독서와 독자적인 사유가 필요한 까닭이 바로 여기에 있습니다.

사학과 대학원 교육의 목적은 연구자를 양성하는 데 있습니다. 인간의 과거에 관한 지식을 생산하는 전문가를 기르는 데에 대학원 교육의 주안점이 있다고 하겠습니다. 그래서 성균관대 사학과는 일찍부터 사료와 밀착된 역사 교육을 중시해 왔습니다. 대학원 초년생을 위한 사료 밀착형 교재를 편찬하는 까닭도 바로 여기에 있습니다. 이 책은 다년간의 교육 경험을 바탕으로 사학과 대학원생이 필수적으로 읽고 배워야 할 한국사 사료를 선별하여 수록하였습니다. 이 사료들은 기존 대학원생들의 학위논문 지도과정에서 교육적 효과가 검증된 것입니다. 이 책이 역사 연구자로 성장해 나아가는 대학원생에게 유용한 길잡이가 될 수 있기를 바랍니다.

집필자 일동

범 례

▶ 집필 : 사료의 선별 및 해설

- 한국전근대사 : 박재우(고대 및 고려), 조성산(조선)
- 한국근현대사 : 임경석(근대), 오제연(현대)

▶ 주제 : 일련의 갈등과 통합 양상을 드러내는 사료들을 하나의 쌍으로 묶고, 여기에 관통되는 역사적인 문제를 밝힘

▶ 제목 : 개별 사료의 역사성을 간명하게 드러냄

▶ 해제 : 개별 사료의 성격과 내용 이해에 도움을 줄 수 있는 사실을 설명함

▶ 사료 : 가급적 출전 문헌의 원모(原貌)대로 활자화하였으나, 독자의 편의를 위하여 집필자가 단구(斷句) · 표점(標點)한 경우도 있음

▶ 참고문헌 : 개별 사료의 번역이나 역사적 의의 파악에 도움이 될 만한 주요 문헌을 제시함

목 차

근 대

현 대

삼국

전쟁과 평화: 통합전쟁과 만파식적

1. 제목

신라와 백제, 전쟁 하다 – 김춘추의 외교와 김유신의 군사활동

2. 해제

『三國史記』는 1145년(고려 인종 23)에 삼국의 역사를 기전체로 편찬한 사서이다. 50권으로 本紀, 志, 表, 列傳으로 구성되었다. 중국의 기전체 사서가 열전을 중심으로 이루어진 것과 달리 본기를 중심으로 서술하여 분량이 가장 많으며 신라 5권, 고구려 10권, 백제 6권, 통일신라 7권으로 되어 있다. 12세기에 초간본이 출간되었으나 전하지 않고, 1512년(조선 중종 7)의 정덕본이 널리 전해지고 있다. 유교적 명분을 견지하면서도 우리나라의 독자성을 고려하는 현실주의적 관점이 투영되어 있다.

이 사료는 백제의 공격을 받아 위기에 처한 신라를 구하기 위한 김춘추(604~661)와 김유신(595~673)의 활동을 그린 내용이다. 7세기 삼국을 둘러싼 동아시아 국제전쟁은 당나라의 팽창정책과 고구려의 강경론이 충돌하는 가운데, 백제의 공격을 받은 신라가 당나라에 동맹

을 요청하면서 본격화하였다. 이러한 배경에서 김춘추는 외교활동을, 김유신은 군사활동을 담당하여 크게 활약하였다는 것이 설화적 요소와 함께 서술되어 있다.

3. 사료

善德大王十一年壬寅 百濟敗大梁州 春秋公女子古陁炤娘 從夫品釋死焉 春秋恨之 欲請高句麗兵 以報百濟之怨 王許之 將行 謂庾信曰 吾與公同體 爲國股肱 今我若入彼見害 則公其無心乎 庾信曰 公若往而不還 則僕之馬跡 必踐於麗濟兩王之庭 苟不如此 將何面目以見國人乎 春秋感悅 與公互噬手指 歃血以盟曰 吾計日六旬乃還 若過此不來 則無再見之期矣 遂相別 後庾信爲押梁州軍主 (중략)

眞德王太和元年戊申 春秋以不得請於高句麗 遂入唐乞師 太宗皇帝曰 聞爾國庾信之名 其爲人也如何 對曰 庾信雖少有才智 若不籍天威 豈易除鄰患 帝曰 誠君子之國也 乃詔許 勑將軍蘇定方 以師二十萬 徂征百濟 時庾信爲押梁州軍主 若無意於軍事 飮酒作樂 屢經旬月 州人以庾信爲庸將 譏謗之曰 衆人安居日久 力有餘 可以一戰 而將軍慵惰 如之何 庾信聞之 知民可用 告大王曰 今觀民心 可以有事 請伐百濟 以報大梁州之役 王曰 以小觸大 危將奈何 對曰 兵之勝否 不在大小 顧其人心何如耳 故紂有億兆人 離心離德 不如周家十亂同心同德 今吾人一意 可與同死生 彼百濟者不足畏也 王乃許之

遂簡練州兵赴敵 至大梁城外 百濟逆拒之 佯北不勝 至玉門谷 百濟輕之 大率衆來 伏發擊其前後 大敗之 獲百濟將軍八人 斬獲一千級 於是使告百濟將軍曰 我軍主品釋及其妻金氏之骨 埋於爾國獄中 今爾裨將八人

見捉於我匍匐請命 我以狐豹首丘山之意 未忍殺之 今爾送死二人之骨 易生八人 可乎

百濟仲常[一作忠常]佐平言於王曰 羅人骸骨 留之無益 可以送之 若羅人失信 不還我八人 則曲在彼 直在我 何患之有 乃掘品釋夫妻之骨 櫝而送之 庾信曰 一葉落 茂林無所損 一塵集 大山無所增 許八人生還 遂乘勝入百濟之境 攻拔嶽城等十二城 斬首二萬餘級 生獲九千人 論功增秩伊湌 爲上州行軍大摠管 又入賊境 屠進禮等九城 斬首九千餘級 虜得六百人

春秋入唐 請得兵二十萬來 見庾信曰 死生有命 故得生還 復與公相見 何幸如焉 庾信對曰 下臣仗國威靈 再與百濟大戰 拔城二十 斬獲三萬餘人 又使品釋公及其夫人之骨 得反鄕里 此皆天幸所致也 吾何力焉

● 출전: 『三國史記』 권41, 列傳 1, 金庾信 상

4. 참고문헌

노태돈, 『삼국통일전쟁사』, 서울, 서울대학교출판부, 2009.

김수태, 「삼국의 외교적 협력과 경쟁-7세기 신라와 백제의 외교전을 중심으로-」, 『신라문화』 24, 2004.

김창석, 「6세기 후반~7세기 전반 백제 신라의 전쟁과 대야성」, 『신라문화』 34, 2009.

• • •

1. 제목

평화로운 통치를 기원하다 – 만파식적

2. 해제

『三國遺事』는 1281년(고려 충렬왕 7)에 승려 一然(1206~1289)이 고조선에서 후삼국까지의 유사를 모아 편찬한 사서이다. 5권 2책으로 되었고 9개 편목으로 이루어졌다. 편목 가운데 紀異는 고조선에서 후백제까지 역사의 단편을 서술한 반면에, 다른 편목은 주로 불교 관련 설화를 수집 정리한 것이다. 興法은 불교 수용과 융성을, 塔像은 탑과 불상을, 義解는 승려들의 전기를 수록하는 등의 형태를 띠고 있다. 일연이 간행했는지는 불분명하며 제자 無極(1251~1322)이 1310년대에 간행한 것은 확인된다. 한국 고대 문화를 알려주는 가치 있는 자료로 이해되고 있다.

이 사료는 신문왕(재위 681~692)이 바다의 용이 주는 대나무로 피리를 만들어 호국을 위하여 사용했다는 내용이다. 신문왕은 신라가 백제를 통합하고 고구려 일부 지역을 흡수한 후에 정치 안정과 체제 정비, 그리고 일본의 침입을 경계해야 하는 과제를 안고 있었다. 문무왕(재위 661~681)과 김유신이 守城의 보물을 주려 한다는 日官의 조언을 듣고 나간 신문왕이 해룡이 전해주는 대나무를 받아 피리를 만들어 나라에 근심이 생길 때마다 부니 평온해졌다는 것으로, 국왕을 중심으로 하는 정치적 안정이 필요했던 당시 신라의 입장을 반영하는 설화라 하겠다.

3. 사료

第三十一神文大王 諱政明 金氏 開耀元年辛巳七月七日卽位 爲聖考文武大王創感恩寺於東海邊〈寺中記云 文武王欲鎭倭兵 故始創此寺 未畢而崩 爲海龍 其子神文立 開耀二年畢排 金堂砌下東向開一穴 乃龍之入寺旋繞之備 蓋遺詔之藏骨處 名大王岩 寺名感恩寺 後見龍現形處 名利見臺〉明年壬午五月朔〈一本云 天授元年 誤矣〉海官波珍喰朴夙淸奏曰 東海中有小山 浮來向感恩寺隨波往來 王異之 命日官金春質〈一作春日〉占之 曰 聖考今爲海龍 鎭護三韓 抑又金公庾信乃三十三天之一子 今降爲大臣 二聖同德 欲出守城之寶 若陛下行幸海邊 必得無價大寶

王喜 以其月七日 駕幸利見臺 望其山 遣使審之 山勢如龜頭 上有一竿竹 晝爲二 夜合一〈一云 山亦晝夜開合如竹〉使來奏之 王御感恩寺宿 明日午時 竹合爲一 天地震動 風雨晦暗七日 至其月十六日風霽波平 王泛海入其山 有龍奉黑玉帶來獻 迎接共坐 問曰 此山與竹 或判或合 如何 龍曰 比如一手拍之無聲 二手拍則有聲 此竹之爲物 合之然後有聲 聖王以聲理天下之瑞也 王取此竹 作笛吹之 天下和平 今王考爲海中大龍 庾信復爲天神 二聖同心 出此無價大寶 令我獻之 王驚喜 以五色錦彩金玉酬賽之 勅使斫竹出海時 山與龍忽隱不現

王宿感恩寺 十七日 到祇林寺西溪邊 留駕晝饍 太子理恭〈卽孝昭大王〉守闕 聞此事 走馬來賀 徐察奏曰 此玉帶諸窠皆眞龍也 王曰 汝何知之 太子曰 摘一窠沈水示之 乃摘左邊第二窠沈溪 卽成龍上天 其地成淵 因

號龍淵

駕還 以其竹作笛 藏於月城天尊庫 吹此笛則兵退病愈 旱雨雨晴 風定波平 號萬波息笛 稱爲國寶 至孝昭大王代 天授四年癸巳 因失禮郎生還之異 更封號曰萬萬波波息笛 詳見彼傳

● **출전: 『三國遺事』 권2, 紀異 2, 萬波息笛**

4. 참고문헌

김상현, 「만파식적 설화의 형성과 의의」, 『한국사연구』 34, 1981.

장장식, 「만파식적 설화의 역사적 배경과 의미」, 『설화와 역사』, 서울, 집문당, 2000.

김남형, 「만파식적 설화의 역사적 의미」, 『한국학논집』 38, 2009.

불교 대중화와 골품제 한계: 원효와 최치원

1. 제목

원효, 무애가를 가르치다 – 원효의 생애와 불교

2. 해제

『三國遺事』는 1281년(고려 충렬왕 7)에 승려 一然이 고조선에서 후삼국까지의 유사를 모아 편찬한 사서이다. 5권 2책으로 되었고 9개 편목으로 이루어졌다. 편목 가운데 紀異는 고조선에서 후백제까지 역사의 단편을 서술한 반면에, 다른 편목은 주로 불교 관련 설화를 수집 정리한 것이다. 興法은 불교 수용과 융성을, 塔像은 탑과 불상을, 義解는 승려들의 전기를 수록하는 등의 형태를 띠고 있다. 일연이 간행했는지는 불분명하며 제자 無極이 1310년대에 간행한 것은 확인된다. 한국 고대 문화를 알려주는 가치 있는 자료로 이해되고 있다.

이 사료는 원효(617~686)의 생애와 불교 사상을 서술한 내용이다. 원효는 6두품의 하나인 薛氏 출신으로, 일정한 스승이 없었으나 경전을 두루 공부하여 대성하였다. 의상(625~702)과 함께 당나라 유학을 가다가 고구려 군사에 잡혀 돌아왔고, 10년 후에 다시 가다가 도중에

해골 물을 마시고 깨달음을 얻어 돌아왔다. 요석공주와 사이에서 설총(655~?)을 낳았고, 소성거사라 하고 無㝵歌를 퍼뜨리며 불교 대중화에 나섰다. 학문적으로도 『금강삼매경론』·『대승기신론소』·『십문화쟁론』과 같은 뛰어난 업적을 남겼다.

3. 사료

聖師元曉 俗姓薛氏 祖仍皮公 亦云赤大公 今赤大淵側有仍皮公廟 父談捺乃末 初 示生于押梁郡南〈今章山郡〉佛地村北 栗谷裟羅樹下 村名佛地 或作發智村〈俚云弗等乙村〉裟羅樹者 諺云 師之家本住此谷西南 母旣娠而月滿 適過此谷栗樹下 忽分產 而倉皇不能歸家 且以夫衣掛樹 而寢處其中 因號樹曰裟羅樹 其樹之實亦異於常 至今稱裟羅栗

古傳昔有主寺者 給寺奴一人 一夕饌栗二枚 奴訟于官 官吏怪之 取栗檢之 一枚盈一鉢 乃皈判給一枚 故因名栗谷 師旣出家 捨其宅爲寺 名初開 樹之旁置寺曰裟羅 師之行狀云 是京師人 從祖考也

唐僧傳云 本下湘州之人 按麟德二年間 文武王割上州下州之地 置歃良州 則下州乃今之昌寧郡也 押梁郡本下州之屬縣 上州則今尙州 亦作湘州也 佛地村今屬慈仁縣 則乃押梁之所分開也

師生小名誓幢 第名新幢〈幢者俗云毛也〉初母夢流星入懷 因而有娠 及將產 有五色雲覆地 眞平王三十九年 大業十三年丁丑歲也 生而穎異 學不從師 其遊方始末 弘通茂跡 具載唐傳與行狀 不可具載 唯鄕傳所記有一二段異事

師嘗一日風顚唱街云 誰許沒柯斧 我斫支天柱 人皆未喩 時 太宗聞之曰 此師殆欲得貴婦 產賢子之謂爾 國有大賢 利莫大焉 時瑤石宮〈今學院是

也〉 有寡公主 勅宮吏覓曉引入 宮吏奉勅將求之 已自南山來過蚊川橋〈沙川 俗云年川 又蚊川 又橋名楡橋也〉遇之 佯墮水中濕衣袴 吏引師於宮 褫衣曬晾 因留宿焉 公主果有娠 生薛聰 聰生而睿敏 博通經史 新羅十賢中一也 以方音通會華夷方俗物名 訓解六經文學 至今海東業明經者傳受不絶

曉旣失戒生聰 已後易俗服 自號小姓居士 偶得優人舞弄大瓠 其狀瑰奇 因其形製爲道具 以華嚴經 一切無㝵人 一道出生死 命名曰無㝵 仍作歌流于世 嘗持此 千村萬落且歌且舞 化詠而歸 使桑樞瓮牖玃猴之輩 皆識佛陀之號 咸作南無之稱 曉之化大矣哉 其生緣之村名佛地 寺名初開 自稱元曉者 蓋初輝佛日之意爾 元曉亦是方言也 當時人皆以鄕言稱之始旦也

曾住芬皇寺 纂華嚴疏 至第四十廻向品 終乃絶筆 又嘗因訟 分軀於百松 故皆謂位階初地矣 亦因海龍之誘 承詔於路上 撰三昧經疏 置筆硯於牛之兩角工 因謂之角乘 亦表本始二覺之微旨也 大安法師排來而粘紙 亦知音唱和也 旣入寂 聰碎遺骸 塑眞容 安芬皇寺 以表敬慕終天之志 聰時旁禮 像忽廻顧 至今猶顧矣 曉嘗所居穴寺旁 有聰家之墟云 讚曰 角乘初開三昧軸 舞壺終掛萬街風 月明瑤石春眠去 門掩芬皇顧影空 廻顧至

● 출전: 『三國遺事』 권4, 義解 5, 元曉不羈

4. 참고문헌

황영선, 『원효의 생애와 사상』, 서울, 국학자료원, 1996.

남동신, 『영원한 새벽 원효』, 서울, 새누리, 1999.

이기영, 「원효 사상의 특징과 의의」, 『불교연구』 11 · 12, 1995.

● ● ●

1. 제목

6두품, 골품제의 한계에 갇히다 – 신라말 최치원의 활동

2. 해제

『三國史記』는 1145년(고려 인종 23)에 삼국의 역사를 기전체로 편찬한 사서이다. 50권으로 本紀, 志, 表, 列傳으로 구성되었다. 중국의 기전체 사서가 열전을 중심으로 이루어진 것과 달리 본기를 중심으로 서술하여 분량이 가장 많으며 신라 5권, 고구려 10권, 백제 6권, 통일신라 7권으로 되어 있다. 12세기에 초간본이 출간되었으나 전하지 않고, 1512년(조선 중종 7)의 정덕본이 널리 전해지고 있다. 유교적 명분을 견지하면서도 우리나라의 독자성을 고려하는 현실주의적 관점이 투영되어 있다.

이 사료는 최치원(857~?)의 뛰어난 능력과 6두품으로서의 좌절을 보여주는 내용이다. 신라는 진골 중심의 사회로서 6두품은 정치적 능력을 발휘하는 데 한계가 있었다. 6두품은 도당유학생으로 실력을 닦았으나 신라에서 수용되기는 어려웠다. 최치원은 당나라에 유학하여 빈공과에 합격하였고, 황소의 난(875~884)에 종사관으로 참여하여 「토황소격문」을 지어 이름을 떨쳤다. 신라에 돌아왔으나 당시 신라는 농민 봉기가 발생하고 호족이 등장하였다. 시무책을 올려 정치를 개혁하려 했으나 진골 중심의 정치 현실에서 실현되기 어려

웠다. 실망한 최치원은 떠돌다가 해인사에 은거하여 말년을 보냈다. 『계원필경』·『제왕연대력』·「사산비명」을 비롯한 뛰어난 저술을 남겼다.

3. 사료

崔致遠 字孤雲 〈或云海雲〉 王京沙梁部人也 史傳泯滅 不知其世系 致遠少 精敏好學 至年十二 將隨海舶入唐求學 其父謂曰 十年不第 卽非吾子也 行矣勉之 致遠至唐 追師學問無怠 乾符元年甲午 禮部侍郎裵瓚下 一擧及第 調授宣州溧水縣尉 考績 爲承務郎侍御史內供奉 賜紫金魚袋

時 黃巢叛 高駢爲諸道行營兵馬都統以討之 辟致遠爲從事 以委書記之任 其表狀書啓傳之至今 及年二十八歲 有歸寧之志 僖宗知之 光啓元年使將詔書來聘 留爲侍讀兼翰林學士守兵部侍郞知瑞書監

致遠自以西學多所得 及來將行己志 而衰季多疑忌 不能容 出爲大山郡大守 唐昭宗景福二年 納旌節使兵部侍郞金處誨沒於海 卽差橻城郡大守金峻爲告奏使 時致遠爲富城郡大守 祗召爲賀正使 以比歲饑荒 因之盜賊交午 道梗不果行 其後 致遠亦嘗奉使如唐 但不知其歲月耳 (중략)

致遠自西事大唐 東歸故國 皆遭亂世 屯邅蹇連 動輒得咎 自傷不遇 無復仕進意 逍遙自放 山林之下 江海之濱 營臺榭植松竹 枕藉書史 嘯詠風月 若慶州南山剛州氷山陜州淸涼寺智異山雙溪寺合浦縣別墅 此皆遊焉之所 最後 帶家隱伽耶山海印寺 與母兄浮圖賢俊及定玄師 結爲道友 棲遲偃仰 以終老焉

● 출전: 『三國史記』 권46, 列傳 6, 崔致遠

4. 참고문헌

장일규, 『최치원의 사회사상 연구』, 서울, 신서원, 2008.

이기백, 「신라 골품체제 하의 유교적 정치이념」, 『대동문화연구』 6 · 7, 1970.

전기웅, 「신라말의 개혁과 최치원」, 『신라사학보』 5, 2005.

고려

고려 건국과 호족 숙청: 태조 왕건과 광종

1. 제목

태조 왕건이 정치를 수습하다 – 태조의 즉위와 정치운영

2. 해제

『高麗史』는 1451년(조선 문종 1)에 고려의 역사를 기전체로 정리한 사서이다. 139권 75책, 世家, 列傳, 志, 年表, 目錄으로 구성되었다. 1455년 을해자본이 가장 오래된 판본이다. 유교적 흥망사관으로 서술되어 조선 건국을 합리화하고 있으나 직서주의에 따른 사료 선정으로 상당한 객관성이 있다. 『三國史記』의 本紀와 달리 世家라고 하여 성리학적 명분론이 반영되었고, 고려의 황제 제도와 관련된 용어가 일부 남아 있으나 상당수 제거되었다. 『高麗史節要』는 1452년(조선 문종 2)에 고려의 역사를 편년체로 정리한 사서이다. 35권 35책으로 이루어졌다. 기전체인 『高麗史』를 줄인 것이 아니라 편년체인 『讎校高麗史』, 『高麗史全文』을 참고하여 편찬하였다. 『고려사』에 없는 내용도 있어 서로 보완 관계에 있다. 1434년(세종 16) 제작된 금속활자인 갑인자로 만든 1453년(조선 단종 1) 4월 초간본이 가장 오래된 판본

이다. 『고려사』가 있기 때문에 치란흥망과 관련이 있는 교훈적인 내용을 중심으로 서술하였다.

이 사료는 태조 왕건(877~943)이 궁예(?~918)의 정치를 비판하고 정국을 수습하는 내용이다. 왕건은 송악의 호족으로 궁예의 휘하에서 성장하였으나 궁예가 정치를 마음대로 하자 이를 비판하고 정변을 통하여 고려를 건국하였다. 태조(재위 918~943)에게는 호족과의 결속을 통한 정치 주도, 후백제와의 전쟁과 후삼국 통일, 북방 영토의 개척이라는 과제가 놓여 있었다. 그래서 즉위 직후에 우선적으로 궁예의 폭정과 정치 혼란, 과도한 세금 수취와 요역 부과를 비판하고, 태봉의 지배층을 등용하여 정치를 안정시키며, 천하의 통법에 따라 조세를 수취하고 호족을 후대하여 지지를 확보하고자 하였다.

3. 사료

戊寅元年夏六月丙辰 卽位于布政殿 國號高麗 改元天授

丁巳 詔曰 前主當四郡土崩之時 剷除寇賊 漸拓封疆 未及兼幷海內 俄以酷暴御衆 以姦回爲至道 以威侮爲要術 徭煩賦重 人耗土虛 而猶宮室宏壯 不遵制度 勞役不止 怨讟遂興 於是 竊號稱尊 殺妻戮子 天地不容 神人共怨 荒墜厥緖 可不戒乎 朕資群公推戴之心 登九五統臨之極 移風易俗 咸與惟新 宜遵改轍之規 深鑑伐柯之則 君臣諧魚水之歡 河海協晏淸之慶 內外群庶 宜悉朕懷 群臣拜謝曰 臣等値前主之世 毒害良善 淫虐無辜 老稚嗷嗷 莫不含寃 幸今得保首領 遭遇聖明 敢不竭力 以圖報效

戊午 王謂韓粲聰逸曰 前主信讒好殺 以卿貫鄕靑州 土地沃饒 人多豪傑 恐其爲變 將欲殲之 乃召軍人尹全愛堅等八十餘人 俱以非辜 械繫在途

卿其亟往 放還田里 (중략)

辛酉 詔曰 設官分職 任能之道斯存 利俗安民 選賢之務是急 誠無官曠何有政荒 朕叨膺景命 顯馭丕圖 顧臨莅以難安 念庸虛之可懼 唯慮知人不明 審官多失 俾起遺賢之歎 深乖得士之宜 寢興載懷 職此而已 內外庶僚 並稱其職 則匪獨今時之致理 足貽後代之可稱 宜其登庸列辟 歷試群公 勉務精選 咸使僉諧 自中及外 具悉朕懷

遂以韓粲金行濤爲廣評侍中 韓粲黔剛爲內奉令 韓粲林明弼爲徇軍部令 波珍粲林曦爲兵部令 蘇判陳原爲倉部令 韓粲閻萇爲義刑臺令 韓粲歸評爲都航司令 韓粲孫逈爲物藏省令 蘇判秦勁爲內泉部令 波珍粲秦靖爲珍閣省令 是皆禀性端方 處事平允 咸從創業之始 俱罄佐命之勳者也

閼粲林積璵爲廣評侍郎 前守徇軍部卿能駿倉部卿權寔並爲內奉卿 閼粲金堙英俊並爲兵部卿 閼粲崔汶堅術並爲倉部卿 一吉粲朴仁遠金言規並爲白書省卿 林湘煖爲都航司卿 姚仁暉香南並爲物藏卿 能惠曦弼並爲內軍卿 是皆夙達事務淸謹 可稱奉公無怠 敏於決斷 允愜衆心者也

前廣評郎中康允珩爲內奉監 前徇軍部郎中韓粲申一林寔並爲廣評郎中 前廣評史國鉉爲員外郎 前廣評史倪言爲內奉理決 內奉史曲矜會爲評察 前內奉史劉吉權爲徇軍郎中 其餘司省 各置郎史 用備員數 一無所缺 蓋開國之初 妙簡賢材 以諧庶務也

壬戌 以韓粲朴質榮爲侍中 以蘇判宗偘 少爲僧 務行姦詐 內軍將軍狄鈇幼爲髡鉗 巧言取容 皆得幸弓裔 好行浸潤 多陷良善 誅之

● 출전: 『高麗史』 권1, 太祖 원년 6월

秋七月 詔曰 泰封主以民從欲 惟事聚斂 不遵舊制 一頃之田租稅六碩 置驛之戶賦絲三束 遂使百姓輟耕廢織 流亡相繼 自今 租稅征賦宜用天下

通法 以爲恒例

● 출전: 『高麗史節要』 권1, 太祖 원년 7월

八月己酉 諭群臣曰 朕慮諸道寇賊聞朕初卽位 或構邊患 分遣單使 重幣卑辭 以示惠和之意 歸附者果衆 獨甄萱不肯交聘

● 출전: 『高麗史』 권1, 太祖 원년 8월

4. 참고문헌

김철준, 「후삼국시대의 지배세력의 성격에 대하여」, 『이상백박사회갑기념논총』, 서울, 을유문화사, 1964.

하현강, 「고려 왕조의 성립과 호족연합정권」, 『한국사』 4, 서울, 국사편찬위원회, 1974.

변태섭, 「고려초기의 정치제도」. 『한우근박사정년기념사학논총』, 서울, 지식산업사, 1981.

김갑동, 「왕권의 확립과정과 호족」, 『한국사』 12, 서울, 국사편찬위원회, 1993.

• • •

1. 제목

광종, 정치를 자의적으로 행하다 - 崔承老의 오조정적평

2. 해제

『高麗史』는 1451년(조선 문종 1)에 고려의 역사를 기전체로 정리한 사서이다. 139권 75책, 世家, 列傳, 志, 年表, 目錄으로 구성되었다. 1455년 을해자본이 가장 오래된 판본이다. 유교적 흥망사관으로 서술되어 조선 건국을 합리화하고 있으나 직서주의에 따른 사료 선정으로 상당한 객관성이 있다. 열전에는 后妃, 宗室, 諸臣, 良吏, 忠義, 孝友, 烈女, 方技, 宦者, 酷吏, 嬖幸, 奸臣, 叛逆 으로 구분된 1008명이 수록되었다. 우왕(재위 1374~1388)과 창왕(재위 1388~1389)은 辛旽(?~1371)의 자손으로 보아 세가가 아니라 열전에 수록하였다.

이 사료는 광종(재위 949~975)의 자의적인 정치와 그에 대한 최승로(927~989)의 비판을 담은 내용이다. 최승로의 五祖政績評은 시무 28조를 올리기 위하여 먼저 건국 이후 국왕들의 정적을 평가한 것으로 고려 초기 정치를 국왕 통치의 잘잘못이라는 관점에서 설명한 것이다. 최승로는 태조의 정치를 높이 평가하고, 광종은 전반에는 정치를 잘했으나 쌍기를 등용한 이후 後生이 등장하면서 정치의 논의가 막힌 것으로 보았다. 과도한 불교행사를 하고 연회와 놀이로 재정을 낭비하였으며, 특히 참소정치를 하여 舊臣宿將을 제거하고 말년에는 아들인 경종(재위 975~981)까지 의심하였다고 비판하였다.

3. 사료

光宗以英奇之表 岐嶷之姿 偏承太祖之眷憐 親受定宗之顧命 鴿原襲慶 鳳扆傳華 禮有加於接下 鑒不失於知人 不阿親貴而常抑豪强 無弃踈賤 而惠鮮鰥寡 自卽位之年 至于八載 政敎淸平 刑賞不濫
及雙冀見用以來 崇重文士 恩禮過豊 由是 非才濫進 不次驟遷 未浹歲時 便爲卿相 或連宵引見 或繼日延容 以此圖歡 怠於政事 軍國要務 壅塞不通 酒食讌遊 聯綿靡絶 於是 南北庸人競願依投 不論其有智有才 皆接以殊恩殊禮 所以後生爭進 舊德漸衰 雖重華風 不取華之令典 雖禮華士 不得華之賢才 於百姓則益消膏血之資 於四方則剩得浮虛之譽 因此 不復憂勤庶政 而接見賓僚 故猜忌日深 都兪日阻 時政得失 無敢言者
加以酷信佛事 過重法門 常行之齋設旣多 別願之焚修不少 專求福壽 但作禱祈 窮有涯之財力 造無限之因緣 自輕至尊 好作小善 又於出入宴遊 莫不窮奢極侈 以其目前無事 將謂法力使然 凡所作爲 不欲悛改 宮室必踰於制度 服食須極於珍鐖 土木之功 不以時 伎巧之作 無休日 略計常時一歲之費 足爲太祖十年之費 又及末年 多殺無辜 臣愚以爲 若使光宗 恒思恭儉節用 勤政如初 豈其祿命不永 纔得享年五十而已哉 其不克終 誠爲可惜也
況自庚申 至乙亥 十六年間 姦兇競進 讒毁大興 君子無所容 小人得其志 遂至子逆父母 奴論其主 上下離心 君臣解體 舊臣宿將 相次誅夷 骨肉親姻 亦皆翦滅 而況惠宗之克全兄弟 定宗之能保邦家 若論恩義 可謂重也 兩朝皆唯有一子 亦不使保其性命 非但不報其德 亦復深結其寃 又至末

年 於己一子 亦生疑忌 故景宗方在東宮 每不自安幸而得嗣其位 嗟乎! 何其善於前而早得令名 不善於後乃至斯乎 深可痛也

● 출전: 『高麗史』 권93, 列傳 6, 崔承老

4. 참고문헌

이기백, 『고려귀족사회의 형성』, 서울, 일조각, 1990.

이기백 외, 『최승로상서문연구』, 서울, 일조각, 1993.

하현강, 「고려초기 최승로의 정치사상 연구」. 『이대사원』 12, 1975.

박재우, 「고려 최승로의 정치사상과 그 지향」, 『한국중세사연구』 58, 2019.

지역사회와 중앙관료: 지방봉기와 좌주문생

1. 제목

지역사회, 갈등이 폭발하다 – 진주향리 鄭方義와 충주관노의 봉기

2. 해제

『高麗史』는 1451년(조선 문종 1)에 고려의 역사를 기전체로 정리한 사서이다. 139권 75책, 世家, 列傳, 志, 年表, 目錄으로 구성되었다. 1455년 을해자본이 가장 오래된 판본이다. 유교적 흥망사관으로 서술되어 조선 건국을 합리화하고 있으나 직서주의에 따른 사료 선정으로 상당한 객관성이 있다. 열전에는 后妃, 宗室, 諸臣, 良吏, 忠義, 孝友, 烈女, 方技, 宦者, 酷吏, 嬖幸, 奸臣, 叛逆 으로 구분된 1008명이 수록되었다. 우왕과 창왕은 辛旽의 자손으로 보아 세가가 아니라 열전에 수록하였다. 『高麗史節要』는 1452년(조선 문종 2)에 고려의 역사를 편년체로 정리한 사서이다. 35권 35책으로 이루어졌다. 기전체인 『高麗史』를 줄인 것이 아니라 편년체인 『讎校高麗史』, 『高麗史全文』을 참고하여 편찬하였다. 『고려사』에 없는 내용도 있어 서로 보완 관계에 있다. 1434년(세종 16) 제작된 금속활자인 갑인자로 만든 1453년(조선 단종 1)

4월 초간본이 가장 오래된 판본이다. 『고려사』가 있기 때문에 치란흥망과 관련이 있는 교훈적인 내용을 중심으로 서술하였다.
이 사료는 무신정변 이후 지역사회의 갈등이 폭발하였다는 내용이다. 무신정변은 문신 중심의 고려사회가 가진 모순으로 발생하였다. 문신을 대신하여 무신이 권력을 잡았으나 문제가 해결되기는커녕 부패와 수탈이 더욱 심각해졌다. 중앙정치가 혼란하자 지역사회의 모순이 봉기의 형태로 분출하였다. 진주에서는 공사 노비의 반란을 계기로 지방관과 향리가 충돌하는 가운데 향리 鄭方義(?~1201)가 지역사회를 장악하였다가 진압되었다. 충주에서는 양상이 더욱 복잡하여 지방관들끼리 불화가 있는 가운데 몽골의 침략이 있자 지방관과 양반별초는 도망하고 노군잡류별초만 남아 방어에 성공하였는데 은그릇을 훔쳤다고 의심하며 향리가 그들을 죽이려 하자 반발하여 봉기하였다.

3. 사료

鄭方義 晉州吏也 神宗三年 晉州公私奴隷 群聚作亂 屠燒州吏家五十餘延爇方義家 州吏告牧官 追捕之 方義手弓矢 入謁司錄全守龍 守龍詰曰何爲持弓矢 拜乎 方義曰 欲捕賊魁 他人已擒 敢入賀耳 守龍曰 不然 汝持弓矢 亦必作亂也 卽栲問方義 款無他釋之 太守李淳中聞之曰 方義正欲作亂 司錄放之 非也 遂枷鎖方義下獄
翌日 欲更鞫 方義弟昌大突入庭 脫去枷鎖扶出 因嘯聚群不逞 隳突州里殺素所仇怨者 牽連被殺 至六千四百人 於是 淳中等懼 閉閤不出 方義脅令視事 多斂邑內銀瓶 欲賂朝中權貴 以自免

按察副使孫公禮行部 至晉 按問之 吏民畏方義 皆曰無罪 淳中竟坐 流草島 王遣少府監趙通中郎將唐績 安撫晉州 方義鍊兵 擅生殺 虐焰甚熾 通等至 但拱手而已

時陜州賊光明計勃亦豪橫 爲一方巨害 晉之與方義有隙者二十餘人 往投陜州賊黨之居奴兀部曲者 請兵欲擊方義 賊從之 方義出擊走之 乘勝至奴兀部曲 盡殺其黨 明年 晉人討方義殺之 昌大率二百餘人登城 州人攻之 昌大遁去 其黨亦散 晉州平

● 출전: 『高麗史』 권128, 列傳 41, 叛逆 2, 鄭方義

忠州官奴作亂 宰樞會崔瑀第 議發兵 州判官庾洪翼請遣使撫諭 卽以注書朴文秀前奉御金公鼎假爲安撫別監以遣之

先是 州副使于宗柱每於簿書間 與洪翼有隙 聞蒙兵將至 議城守 有異同 宗柱帥兩班別抄 洪翼率奴軍雜類別抄 互相猜忌 及蒙兵至 宗柱洪翼與兩班等皆棄城走 唯奴軍雜類合力擊逐之 蒙兵退 宗柱等還州 檢考官私銀器 奴軍以蒙兵掠去爲辭 戶長光立等五六人密謀殺奴軍之魁者 奴輩知之 相與謀曰 蒙兵到 則皆走匿不守 乃何以蒙人所掠 反以歸罪吾輩而欲殺之乎 盍先圖之 乃詐爲會葬者 吹螺集其徒 先至首謀者家 火之 凡豪强素有怨者 搜殺無遺 且令境內曰 敢有隱匿者 當滅其家 於是 婦人小子皆遇害 (중략)

安撫別監朴文秀還自忠州 金公鼎留州以待平定 奴軍都領令史池光守僧牛本等赴京 崔瑀大加褒賞 以光守補校尉 以牛本爲忠州大院寺主

● 출전: 『高麗史節要』 권16, 高宗 19년 정월

4. 참고문헌

이정신, 『고려 무신정권기 농민천민의 항쟁에 대한 연구』, 서울, 고려대학교민족문화연구소, 1991.

변태섭, 「농민 천민의 난」, 『한국사』 7, 서울, 국사편찬위원회, 1973.

홍승기, 「고려 무인집권시대의 노비반란」, 『전해종박사화갑기념사학논총』, 서울, 일조각, 1979.

● ● ●

1. 제목

좌주문생, 부자처럼 결속하다 – 좌주문생 관계의 성격

2. 해제

『補閑集』은 1254년(고려 고종 41)에 崔滋(1188~1260)가 간행한 시화집이다. 무신집권자 崔怡(?~1249)의 요청을 받아 李仁老(1152~1220)의 『破閑集』을 보완한 것으로, 3권 1책으로 이루어졌다. 1254년에 초간본이 간행되었으나 전하지 않는다. 태조 왕건의 문장을 비롯한 신료들의 언행을 수록하고 문인들의 일화나 시평, 최자의 시평, 승려나 기생의 작품이 수록되어 있다. 道文一致論을 제기하고 시의 품평 기준을 제시하였다. 『櫟翁稗說』은 1342년(고려 충혜왕 복위 3)에 李齊賢(1287~1367)이 지배층의 일화나 시화 등을 수집하여 정리한 저술이다. 4권 1책이다. 고려시대에 간행된 것으로 추정되나 전하지 않는다. 역사와 일화, 滑稽, 그리고 시화 등이 수록되어 있다. 무신정권과 삼별초를 부정적으로 평가하고 원의 제국을 인정하는 동시에 자존적 입장을 취하였다. 중국과 우리나라의 시인들과 시에 대한 평가를 제시하였다.

이 사료는 崔滋와 李齊賢이 座主門生에 관한 일화를 정리한 내용이다. 고려는 과거제가 시행되면서 좌주와 문생의 관계가 매우 밀접하였다. 이들 사이의 결속은 고려 중기부터 나타나며 무신정권기 이후 양상이 더욱 뚜렷이 나타난다.
좌주와 문생 사이는 물론, 同年끼리도 결속하여 관료 진출이나 정치 활동에 서로 후원자가 되었다. 崔滋는 문극겸(1122~1189) 문생의 번성함과 친밀한 교유관계를 서술하였고, 李齊賢은 고시관이 선발한 문생을 자신의 부모나 좌주에게 데려가 인사를 드리는 의례의 영광에 대하여 묘사하였다.

3. 사료

崔景文公洪胤 以金牓元 拜政堂 入中書 寓直房在第四 琴英烈公儀 亦以壯元 拜政堂 踵入此房 夜直作詩云 中書第四宰臣房 幾閱平章與政堂 此日榮華誰得似 壯元郎代壯元郎 英烈公掌喉舌 兼三大夫雙學士 及爲相久柄鈞衡 乃作詩云 出入黃扉靑瑣闥 于今二十四年臨 鷄鳴漏盡猶行路 恐向沙堤犯夜禁 於是稱病歸老 二公皆文忠肅克謙之門下壯元也 越壬申春 同掌試春官 予出其門下 兩公竝時爲相 而忠肅公之嗣惟弼 時亦爲相 及英烈公縣車歸老 門生欲獻壽 大敞華筵 仍邀崔文二相同燕 英烈公倚酣唱曰 一門下兩龍頭 與宗伯同時爲平章 以至退老 赴此門生之賀宴 實千古未聞也 胡不爛醉以答盛事 門生皆俯伏階下 不勝慶嘆 至或有拭淚嗚咽者 趙同年賁作詩 私與同年微聲曰 共登金牓一門下 聯入黃扉數載中 宗伯〈方言座主之嗣〉亦爲一時相 桂堂春宴賀三公 同年以此詩雖淺俗言今日事的然
景文公英烈公 俱解相印 歸老于第 上因冊東朝臨軒 敬老勅賜大酺 兩公皆入赴宴 諸門生扶侍上闕 塡街溢巷 觀者莫不嗟嘆 及罷宴歸第 英烈公謂諸子曰 吾以龍頭爲相 以至退老 得參賜設 而門生扶侍甚盛 皆當代英材 曷勝慶快! 宜效文和公宴諸門生故事 於是召集四年牓 大開燕飮 呼出

諸子孫欲命坐 公曰 一門子弟情同骨肉 吾諸子孫亦爾等兄弟也 乃以齒坐之 及酒酣懽甚 命門生相唱和 辰年狀頭皇甫瓘唱云 同年先後爲兄弟 公卽應聲對曰 滿座英雄間子孫 明日諸同年各作詩謝之 僕以公之一聯七字 分爲韻作詩幷引以謝 公覽而肯之

● 출전: 『補閑集』 권상

唐楊嗣復率文生 宴先僕射於里第 座客楊汝士詩云 文章舊價留鸞掖 桃李臣陰在鯉庭 五代馬裔孫引門生 謁座主裴皥宅 裴公詩云 三主禮闈年八十 門生門下見門生 我國掌試者 爲之學士 其門生稱之 則曰恩門 門生座主之禮 比古尤重 學士有父母 若座主在 旣放榜 必具公服往謁 而門生綴行隨之 學士拜於前 門生拜於後 衆賓雖尊長 皆下堂庭立 竢禮畢 揖讓而升 以次拜賀 於是 學士邀至其第 奉觴稱壽 盖用楊裴故事 而禮文過之 延祐庚申 僕承乏爲考試官 先君年七十有七 大夫人年七十 俱康寧 今菊齋政丞權公 是僕登科時知貢擧也 而同知貢擧 悅軒趙公諱〈簡〉 成均試官 常軒鄭公諱〈僐〉 三座主皆無恙 於是歷謁而請之 僕於菊齋又忝東床之選 故下國肩輿偕臨 人謂科擧以來未嘗有也 尹樗軒〈奕〉 賀詩云 一宴共歡三座主 四觴齋壽兩家尊 讓前讓後蟬冠擁 迎北迎南鳳盖奔 後六年國齋胄子政丞吉昌君 亦知貢擧 具慶之席 昆仲甥壻皆高官貴戚 扶擁前後 光彩滿路 尹公又詩云 盛事粧成九街畵 美談排盡萬家燈 無人不道人中佛 老政丞耶小政丞 形容當時事略盡

● 출전: 『櫟翁稗說』 후집 2

4. 참고문헌

이남복, 「여말선초의 좌주문생 관계에 관한 일고찰」, 『남사정재각박사고희기념동양학논총』, 서울, 동양학논총편찬위원회, 1984.

유호석, 「고려후기 좌주문생 관계의 변화와 그 성격」. 『국사관논총』 55, 1994.

토지제도의 변화: 사전개혁과 과전법

1. 제목

사전개혁 입장이 충돌하다 – 사전개혁의 내용과 성격

2. 해제

『高麗史』는 1451년(조선 문종 1)에 고려의 역사를 기전체로 정리한 사서이다. 139권 75책, 世家, 列傳, 志, 年表, 目錄으로 구성되었다. 1455년 을해자본이 가장 오래된 판본이다. 유교적 흥망사관으로 서술되어 조선 건국을 합리화하고 있으나 직서주의에 따른 사료 선정으로 상당한 객관성이 있다. 志는 제도와 관련된 내용을 분류하여 정리한 것으로 『元史』의 영향을 받았다. 고려의 제도는 唐宋의 제도를 수용하였고 후에 元明의 영향을 받은 것으로 이해하였다.

이 사료는 趙浚(1346~1405)이 제시한 사전개혁의 내용과 사전개혁을 둘러싼 찬반논쟁에 대한 내용이다. 위화도회군 이후 우왕대 정치를 개혁하려는 분위기 속에서 사전개혁, 관료제개혁, 인사개혁 등의 논의가 이루어졌다. 趙浚을 비롯한 사대부들은 사전개혁을 위한 상서를 올렸고, 이를 둘러싼 찬반논쟁이 있었으나 급진파 사대부의 주장에 따라 마침내 사전은 혁파되었다.

3. 사료

大司憲趙浚等上書曰 夫仁政 必自經界始 正田制 而足國用 厚民生 此當今之急務也 國祚之長短 出於民生之苦樂 而民生之苦樂 在於田制之均否 文武周公 井田以養民 故周有天下八百餘年 漢薄田稅 而有天下 四百餘年 唐均民田 而有天下幾三百年 秦毁井田 得天下 二世而亡 新羅之末 田不均 而賦稅重 盜賊群起 太祖龍興 卽位三十有四日 迎見群臣 慨然嘆曰 近世暴歛 一頃之租 收至六石 民不聊生 予甚憫之 自今 宜用什一 以田一負 出租三升 遂放民間三年租 當是時 三國鼎峙 群雄角逐 財用方急 而我太祖 後戰功 先恤民 卽天地生物之心 而堯舜文武之仁政也 三韓旣一 乃定田制 分給臣民 百官則視其品而給之 身沒則收之 府兵則二十而受 六十而還 凡士大夫受田者 有罪則收之 人人自重 不敢犯法 禮義興而風俗美 府衛之兵 州郡津驛之吏 各食其田 土着安業 國以富强 雖以遼金 虎視天下 而與我接壤 不敢呑噬者 由我太祖分三韓之地 而與臣民 共享其祿 厚其生 結其心 爲國家千萬世之元氣故也 (중략)

祖宗授田收田之法 旣壞而兼幷之門一開 爲宰相而當受田三百結者 曾無立錐之可資 爲宰相 而受祿三百六十石者 尙不滿二十石 兵者 所以衛王室 備邊虞者也 國家割膏腴之地 以祿四十二都府 甲士十萬餘人 其衣糧器械 皆從田出 故國無養兵之費 祖宗之法 卽三代藏兵於農之遺意也 今也 兵與田俱亡 每至倉卒 則驅農夫以補兵 故兵弱而餌敵 割農食以養兵 故戶削而邑亡 以祖宗至公分授之田 爲一家父子之所私 不一出門 而仕朝行 不一奉足 而蹈軍門者 錦衣玉食 坐享其利 蔑視公侯 而雖以開國功

臣之後 夙夜侍衛之臣 百戰勤勞之士 反不得一畝之食 立錐之耕 以養其父母妻子 其何以勸忠義 而責事功 礪戰攻 而禦外侮哉 (중략)
至於近年 兼幷尤甚 奸兇之黨 跨州包郡 山川爲標 皆指爲祖業之田 相攘相奪 一畝之主 過於五六 一年之租 收至八九 上自御分 至于宗室功臣侍朝文武之田 以及外役津驛院館之田 凡人累世所植之桑 所築之室 皆奪而有之 哀我無辜 流離四散 塡于溝壑 祖宗分田 所以厚臣民者 適足以害臣民也 此以私田 爲亂之首也

● 출전: 『高麗史』 권78, 志 32, 食貨 1, 田制, 祿科田, 昌王 원년 7월

先是 田制大壞 兼幷之家 奪占土田 毒痡日深 民皆怨咨 我太祖與浚鄭道傳 議革私田 浚與同列 上疏辛昌極論之語在食貨志 舊家世族 交相謗毁執之愈固 都堂議利害 侍中李穡以爲不可輕改舊法 持其議不從 李琳禹玄寶邊安烈及權近柳伯濡附穡議 道傳紹宗附浚議 鄭夢周依違兩間 又令百官議 議者五十三人 欲革者十八九 其不欲者皆巨室子弟也 太祖卒用浚議革之 未幾世臣巨室動浮言 欲復之 浚又上疏論之 諫官吳思忠李舒李竴等亦以爲不可 復上書固爭 從之

● 출전: 『高麗史』 권118, 列傳 31, 趙浚

4. 참고문헌

한영우, 「조선왕조의 정치경제기반」, 『한국사』 9, 서울, 국사편찬위원회, 1973.
이경식, 「고려말의 사전구폐책과 과전법」, 『동방학지』 42, 1984.
홍영의, 「고려말 전제개혁론의 기본방향과 그 성격」, 『국사관논총』 95, 2001.
이민우, 「고려말 사전 혁파와 과전법에 대한 재검토」, 『규장각』 47, 2015.

• • •

1. 제목

과전법을 제정하다 – 과전법의 성립

2. 해제

『高麗史』는 1451년(조선 문종 1)에 고려의 역사를 기전체로 정리한 사서이다. 139권 75책, 世家, 列傳, 志, 年表, 目錄으로 구성되었다. 1455년 을해자본이 가장 오래된 판본이다. 유교적 흥망사관으로 서술되어 조선 건국을 합리화하고 있으나 직서주의에 따른 사료 선정으로 상당한 객관성이 있다. 志는 제도와 관련된 내용을 분류하여 정리한 것으로 『元史』의 영향을 받았다. 고려의 제도는 唐宋의 제도를 수용하였고 후에 元明의 영향을 받은 것으로 이해하였다.

이 사료는 고려말 사대부가 새로운 토지제도로서 과전법을 제정한 내용이다. 토지제도의 개편은 고려말 정치의 가장 중요한 과제였는데, 위화도회군 이후에 비로소 사전개혁에 대한 논의가 가능하였고 사전이 혁파되었다. 그리고 과전법의 제정으로 새로운 토지제도가 수립되었다. 경기는 양반의 科田으로, 지방은 軍田으로 지급하고, 양계는 군수에 충당하였다. 양반 과전은 18과로 구분되어 수조권을 지급하였으며 관료가 사망해도 가족이 전부 혹은 일부를 세습하였다. 과전법은 고려가 멸망한 후 조선 토지제도의 근간이 되었다.

3. 사료

三年五月 都評議使司上書 請定給科田法 從之 依文宗所定 京畿州郡 置左右道 自一品 至九品散職 分爲十八科 其京畿六道之田 一皆踏驗打量得京畿實田十三萬一千七百五十五結 荒遠田八千三百八十七結 六道實田四十九萬一千三百四十二結 荒遠田十六萬六千六百四十三結 計數作丁 丁各有字號 載之于籍 拘收公私往年田籍 盡行檢覆 覈其眞僞 因舊損益 以定陵寢倉庫宮司軍資寺 及寺院外官職田廩給田 鄕津驛吏軍匠雜色之田 京畿 四方之本 宜置科田 以優士大夫 凡居京城衛王室者 不論時散各以科受

第一科 自在內大君 至門下侍中 一百五十結 第二科 自在內府院君 至檢校侍中 一百三十結 第三科 贊成事 一百二十五結 第四科 自在內諸君至知門下 一百十五結 第五科 自判密直 至同知密直 一百五結 第六科自密直副使 至提學 九十七結 第七科 自在內元尹 至左右常侍 八十九結第八科 自判通禮門 至諸寺判事 八十一結 第九科 自左右司議 至典醫正七十三結 第十科 自六曹摠郎 至諸府少尹 六十五結 第十一科 自門下舍人 至諸寺副正 五十七結 第十二科 自六曹正郎 至和寧判官 五十結 第十三科 自典醫寺丞 至中郎將 四十三結 第十四科 自六曹佐郎 至郎將三十五結 第十五科 東西七品 二十五結 第十六科 東西八品 二十結 第十七科 東西九品 十五結 第十八科 權務散職 十結

外方 王室之藩 宜置軍田 以養軍士 東西兩界 依舊充軍需 六道閑良官吏不論資品高下 隨其本田多少 各給軍田十結 或五結

今辛未年 受田科不足者 辛未年以後 新來從仕 未受田者 不論祖父文契有無 將其或犯罪 或無後 或科外餘田 隨科遞受 無所任閑良官 不在此限

京畿荒遠之田 開墾之田 有職事從仕者告官 作丁科受

凡受田者 身死後 其妻有子息守信者 全科傳受 無子息守信者 减半傳受 本非守信者 不在此限 父母俱亡 子孫幼弱者 理合恤養 其父田全科 傳受 待年二十歲 各以科受 女子則夫定科受 其餘田 許人遞受 受軍田者 赴京 從仕 則許以科受京畿之田 軍鄕吏 及諸有役人 如有老病死亡無後者 逃 避本役者 赴京從仕者 則代其役者 遞受其田

● **출전:『高麗史』권78, 志 32, 食貨 1, 田制, 祿科田**

4. 참고문헌

김태영,「과전법의 성립과 그 성격」,『한국사연구』37, 1982.

이경식,「고려말의 사전구폐책과 과전법」,『동방학지』42, 1984.

이민우,「고려말 사전 혁파와 과전법에 대한 재검토」,『규장각』47, 2015.

불교인식의 변화: 유불공존과 척불론

1. 제목

유교와 불교가 공존하다 – 최승로의 시무 28조와 금강거사 윤언이

2. 해제

『高麗史』는 1451년(조선 문종 1)에 고려의 역사를 기전체로 정리한 사서이다. 139권 75책, 世家, 列傳, 志, 年表, 目錄으로 구성되었다. 1455년 을해자본이 가장 오래된 판본이다. 유교적 흥망사관으로 서술되어 조선 건국을 합리화하고 있으나 직서주의에 따른 사료 선정으로 상당한 객관성이 있다. 열전에는 后妃, 宗室, 諸臣, 良吏, 忠義, 孝友, 烈女, 方技, 宦者, 酷吏, 嬖幸, 奸臣, 叛逆으로 구분된 1008명이 수록되었다. 우왕과 창왕은 辛旽의 자손으로 보아 세가가 아니라 열전에 수록하였다. 『補閑集』은 1254년(고려 고종 41)에 崔滋가 간행한 시화집이다. 무신집권자 崔怡의 요청을 받아 李仁老의 『破閑集』을 보완한 것으로, 3권 1책으로 이루어졌다. 1254년에 초간본이 간행되었으나 전하지 않는다. 태조 왕건의 문장을 비롯한 신료들의 언행을 수록하고 문인들의 일화나 시평, 최자의 시평, 승려나 기생의 작품이 수록되어 있다. 道文一致論을 제기하고 시의 품평 기준을 제시하였다.

이 사료는 고려에서는 유교와 불교가 공존하며 역할을 분담하였다는 내용이다. 최승로의 시무 28조는 건국 초기 정치에서 나타난 국왕의 통치 행위를 비판적으로 평가하고 성종에게 정치적 대안을 제시하는 것이었다. 최승로는 국왕의 지나친 불교행사를 비판하되 불교는 수신의 근본이고 유교는 나라를 다스리는 요체라고 하여 유교와 불교의 역할 분담을 제기하였다. 이러한 배경 속에서 고려에서 유학자와 승려의 교유는 낯선 일이 아니었다. 尹彦頤(?~1149)는 과거에 급제한 유학자이나 불교를 신봉하여 말년에 금강거사로 칭하였고 승려들과도 널리 교유하였다.

3. 사료

崇信佛法 雖非不善 然帝王士庶之爲功德 事實不同 若庶民所勞者 自身之力 所費者 自己之財 害不及他 帝王則勞民之力 費民之財 昔梁武帝以天子之尊 修匹夫之善 人以爲非者以此 是以帝王深慮其然 事皆酌中弊不及於臣民 臣聞人之禍福貴賤皆禀於有生之初 當順受之 况崇佛教者只種來生因果 鮮有益於見報 理國之要 恐不在此 且三教各有所業 而行之者 不可混而一之也 行釋教者 修身之本 行儒教者 理國之源 修身是來生之資 理國乃今日之務 今日至近 來生至遠 舍近求遠 不亦謬乎 人君惟當一心無私普濟萬物 何用役不願之人 費倉庫之儲 以求必無之利乎 昔德宗妃父王景先駙馬高恬 爲聖壽延長 鑄金銅佛像 獻之 德宗曰 朕以有爲功德 謂無功德 還其佛像於二人 是其情雖不實 然欲令臣民 不得作

無利事者如此 我朝冬夏講會及先王先后忌齋 其來已久 不可取舍 其他可減者 請減之 若不得減 則依月令所說 五月中氣 陰陽爭 死生分 君子齋戒 處必掩身無躁 止聲色 薄滋味 節嗜欲 定心氣 百官靜事無刑 以定晏陰之所成 十一月中氣 陰陽爭 諸生蕩 君子齋戒 處必掩身無躁 去聲色 禁嗜欲 安形性 事欲靜 以待陰陽之所定 此時則可以停之 何也 極寒則役使者苦 而食物不精潔 極熱則汗出淋漓 或誤傷群虫 齋供不淨潔 有何功德 且今日作善 來日未必獲善報 以此而觀 莫如修政教 請以一年十二月分半 自二月至四月 自八月至十月 政事功德 叅半行之 自五月至七月 自十一月至正月 除功德 專修政事 逐日聽政 宵旰圖治 每日午後 乃用君子四時之禮 修令安身 如此則順時令 安聖體 減臣民之勞苦 豈不爲大功德乎

● 출전: 『高麗史』 권93, 列傳 6, 崔承老

尹文康公彦頤 晩節尤嗜禪味 退居鈴平郡金剛齋 自號金剛居士 每入郭跨黃牛 人皆識之 與慧炤門人貫乘禪師爲友 相得甚懽 時貫乘住廣明寺置一蒲菴止容一座 約曰 先逝者 坐此而化 一日跨牛詣貫乘同飯已曰 吾歸期不遠 告別來耳 言訖徑去 貫乘遣人隨其後 送蒲菴 公見之笑曰 師不負約 吾行決矣 遽取筆書偈云 春復秋兮 花開葉落 東復西兮 善養眞君今日途中 反觀此身 長空萬里 一片閑雲 書畢 坐庵而逝 當時高人勝士莫不咨嗟慕望 李中丞者號爲忠謇 獨排之曰 尹公身爲宰輔 望重具瞻 雖退老 猶念國家風俗 益礪操持 以示後人 乃反作浮屠行 反道敗常 以傷聖化 恐詭異之風 自此始焉

● 출전: 『補閑集』 권상

4. 참고문헌

이기백,『고려귀족사회의 형성』, 서울, 일조각, 1990.

이기백 외,『최승로상서문연구』, 서울, 일조각, 1993.

하현강,「고려초기 최승로의 정치사상 연구」,『이대사원』 12, 1975.

박재우,「고려 최승로의 정치사상과 그 지향」,『한국중세사연구』 58, 2019.

• • •

1. 제목

사대부, 불교를 배척하다 – 이색, 성석린과 윤소종의 불교 비판

2. 해제

『高麗史』는 1451년(조선 문종 1)에 고려의 역사를 기전체로 정리한 사서이다. 139권 75책, 世家, 列傳, 志, 年表, 目錄으로 구성되었다. 1455년 을해자본이 가장 오래된 판본이다. 유교적 흥망사관으로 서술되어 조선 건국을 합리화하고 있으나 직서주의에 따른 사료 선정으로 상당한 객관성이 있다. 열전에는 后妃, 宗室, 諸臣, 良吏, 忠義, 孝友, 烈女, 方技, 宦者, 酷吏, 嬖幸, 奸臣, 叛逆 으로 구분된 1008명이 수록되었다. 우왕과 창왕은 辛旽의 자손으로 보아 세가가 아니라 열전에 수록하였다. 『高麗史節要』는 1452년(조선 문종 2)에 고려의 역사를 편년체로 정리한 사서이다. 35권 35책으로 이루어졌다. 기전체인 『高麗史』를 줄인 것이 아니라 편년체인 『讎校高麗史』, 『高麗史全文』을 참고하여 편찬하였다. 『고려사』에 없는 내용도 있어 서로 보완관계에 있다. 1434년(세종 16) 제작된 금속활자인 갑인자로 만든 1453년(조선 단종 1) 4월 초간본이 가장 오래된 판본이다. 『고려사』가 있기 때문에 치란흥망과 관련이 있는 교훈적인 내용을 중심으로 서술하였다.

이 사료는 고려말 불교의 폐단을 비판하는 내용이다. 고려말 사대부는 불교의 폐단을 인식하면서도 비판하는 태도와 입장이 모두 같지는 않았다. 李穡(1328~1396)은 불교의 폐단을 비판하고 공민왕(재위 1351~1374)에게 도첩제의 시행을 주장하면서도 부처를 대성인으로 보았다. 반면에 成石璘(1338~1423)과 尹紹宗(1345~1393)은 불교는 아버지도 없고 임금도 없는 가르침이라고 비판하며 공양왕(재위 1389~1392)에게 아버지와 임금을 버린 석씨(석가모니)를 스승으로 삼지 말고 요순과 공맹을 본받으라고 하였다.

3. 사료

佛氏入中國 王公士庶 尊而事之 自漢迄今 日新月盛 肆我太祖 化家爲國 佛刹民居 參伍錯綜 中世以降 其徒益繁 五敎兩宗 爲利之窟 川傍山曲 無處非寺 不惟浮屠之徒 浸以卑陋 亦是國家之民 多於遊食 識者每痛心焉 佛大聖人也 好惡必與人同 安知已逝之靈 不恥其徒之如此也哉 臣伏乞 明降條禁 已爲僧者 亦與度牒 而無度牒者 卽充軍伍 新創之寺 並令撤去 而不撤者 卽罪守令 庶使良民 不盡髡緇 臣聞 殿下奉事之誠 尤篤於列聖 其所以祈永國祚者 甚盛甚休 然以臣之愚竊惟 佛者至聖至公 奉之極美 不以爲喜 待之甚薄 不以爲怒 況其經中 分明有說 布施功德 不及持經 聽政之餘 怡神之暇 注目方等 留心頓法 無所不可 但爲上者 人所則效 虛費者 財所耗竭 防微杜漸 不可不愼 孔子曰 敬鬼神而遠之 臣願於佛 亦宜如此

● 출전: 『高麗史』 권115, 列傳 28, 李穡

王欲迎曹溪僧粲英爲師 大司憲成石璘左常侍尹紹宗等伏閤諫之 又聯章

上疏曰 三代帝王以論道經邦燮理陰陽者爲師 故湯師伊尹 伐夏救民 以開六百祀之商 武王師太公 鷹揚誅紂 以開八百年之周 姚秦以胡僧鳩摩羅什爲師 不旋踵而亡 前元以蕃僧婆羅跋蹄爲師 及其季世 以天子之尊奴事指空 冀其福壽 卒致應昌之敗 佛之爲教 無父無君 而姚秦前元以五胡北狄之俗不法帝王之治 以毁綱常 得罪於天以速亂亡 今 殿下中興 方將作法垂範 爲聖子神孫億萬世之所遵 今 乃復襲胡狄之失 乃以胡教爲師 有國家者 立政立事 循其名 當責其實 所謂師者 師其道也 釋氏以臣子而背君父 逃入山林 寂滅爲樂 若師其法 必髡三韓之民 必絶九廟之祀然後稱其名耳 願殿下勿以無君父者爲師 尊堯舜孔孟之道 以開三韓大平之業 王勉從之 英至崇仁門 不得入而還

● 출전: 『高麗史節要』 권34, 恭讓王 2년 2월

4. 참고문헌

도현철, 「고려말기 사대부의 불교인식과 대응」. 『역사와현실』 20, 1996.

송창한, 「목은 이색의 척불론에 대하여」. 『대구사학』 59, 2000.

조명제, 「고려말 사대부의 불교관」. 『한국중세사회의 제문제』, 대구, 한국중세사학회, 2001.

조선

조선전기 동인과 서인의 분열과 갈등

1. 제목

동인과 서인의 분열과 그 기원

2. 해제

이 사료가 실려 있는 『선조실록』은 光海君代(재위 1575~1641)에 편찬된 宣祖(재위 1567~1608) 시대의 실록이다. 『선조실록』은 당쟁, 임진왜란, 사회 경제 문제 등에 관한 많은 자료들을 담고 있다.
이 사료는 동인과 서인의 분열이 어떠한 원인으로 시작했고 그 파장은 어떠하였는지에 대해서 논하고 있다. 吏曹銓郎은 비록 품계가 낮은 직책이었지만 언관직인 三司의 인사권을 가지고 있었기 때문에 그 실제적인 권력은 막강하였다. 이 이조전랑직을 놓고 沈義謙(1535~1587)과 金孝元(1542~1590)은 갈등을 겪게 되었다. 이 과정에서 양자의 입장에 동조하던 인물들이 각각 서인과 동인으로 분열되었다. 이 자료는 서인은 주로 노성한 자들이, 동인은 연소한 자들이 가담하였다고 말하고 있다. 심의겸은 왕의 외척이었으므로 동인세력은 심의겸과 그와 동조하던 서인세력에 대해서 비판적이었다. 동인과 서인의 갈등은 사림파가 집권하면서 기존 외척세력에 대한 입장 차이와 사림파 안에서의 다양한 현실관과 입장의 차이가 심의겸과 김효원을 둘러싸고 증폭된 것으로 볼 수 있다. 서인은 이후 노론과 소론으로 분열되었고 동인은 퇴계학파가 중심이 된 남인과 남명학파·화담학파가 중심이 된 북인으로 분열되었다.

3. 사료

沈義謙 身居戚里 折節下士 時論頗與之 及李樑用事 事同一家 而相與之爲貳 及其除去之時 與有力焉 中間與金孝元交構 因有東西之說 蓋義謙在西 與義謙交者 謂之西黨 孝元在東 與孝元善者 謂之東黨 一時士論各分 彼此紛囂之議 至今不息 老成遲鈍者 指謂之西人 年少才銳者 皆謂之東人 蓋一時議論 皆如此 當初交構之事 則孝元布衣時 遊尹元衡之門 義謙見之 其後擧朝論啓元衡之罪 以孝元爲製疏 義謙謂其友曰 孝元出入其門 詳知其事 此必善製矣 因欲削去製疏之選 其友止之 其言一播 互相疵病 以義謙爲欲害孝元 與孝元善者 攻義謙不近實 義謙無欲害之心也 孝元雖遊元衡之門 而少時之事 過而能改爲善人 則不可追咎旣往也 義謙雖發其言 而無欲害之心 則亦當置而不論 彼此平心 任之可也 而朝著論議之間 各分彼此 因緣指目 簧鼓之說 又從而紛紜 以搖惑士大夫之心 此當今之深患也 近來見二詩流傳曰 天災時變比來稠 時事堪爲識者憂 謹塞踈虞今日極 宋庭攻擊幾時休 東人盡據要津地 西客多遷嶺外州 不有聖明能鎭定 士林魚肉免無由 不知誰人所作 而有關於時事 故竝錄之

● 출전: 『宣祖實錄』 권14, 宣祖 13年 7月 1日 戊辰

4. 참고문헌

최이돈, 『朝鮮中期 士林政治構造硏究』, 서울, 일조각, 1994.

김범, 「조선시대 사림세력 형성의 역사적 배경」, 『국학연구』 19, 2011.

이정철, 「선조 대 당쟁의 원인과 전개양상-이이를 중심으로」, 『장서각』 28, 2012.

• • •

1. 제목

이이의 동인과 서인 당쟁 조정 노력

2. 해제

이 사료가 실려 있는 『栗谷全書』는 李珥(1536~1584)의 학문과 사상을 살펴 볼 수 있는 자료로서 중요한 의미를 갖는다. 이이는 조선 중기 사상가와 경세가로서 매우 중요한 활약을 하였다. 그를 통해서 우리는 조선 중기 중요한 사상과 경세론, 정치동향을 추론해 볼 수 있다.

仁順王后 沈氏(1532~1575)가 1575년(선조 8) 1월에 죽게 되자 외척으로서 막강한 정치적 영향을 가졌던 沈義謙(1535~1587)은 정치적인 위기를 맞이하게 되었다. 이 기회를 통하여 심의겸에 반대하는 동인과 심의겸에 동조하던 서인 사이의 대립이 본격화되었다. 이이는 金孝元(1542~1590)과 심의겸을 둘러싼 동인과 서인의 갈등이 심화되자 이를 중재하고자 많은 노력을 기울였다. 이 사료는 1579년(선조 12) 이이가 宣祖(재위 1567~1608)에게 올린 상소문으로 이를 통하여 동인과 서인의 갈등을 중재하고자 하는 이이의 노력을 엿볼 수 있다. 이 글에서 이이는 양시양비론에 근거한 동인·서인 화합론을 주장하면서도 심의겸의 입장에 다소 동조하는 입장을 취했다. 이이는 동인 측의 심의겸 공격에 대해서 비판하면서 서인을 邪黨으로 심의겸을 小

人으로 규정하려는 동인의 태도에 대해서 비판하였다. 이와 함께 이이는 동인과 서인의 소모적인 갈등은 결국 전체 사류들의 패퇴로 이어질 수 있다고 경계하면서 동인과 서인의 화합을 강조하였다. 하지만 이 상소문 이후 동인의 공격이 거세지면서 이이는 점차 서인의 입장에서 동인과 서인의 시비를 분명히 해야 한다는 입장을 취하게 되었다.

3. 사료

伏以蟣蝨微臣 獲罪于天 痼疾在躬 自廢溝壑 惟是愛君一念 不以進退有閒 頃日伏聞聖上遇災警惕 下敎求言 深欲披肝瀝膽 更叫天閽 歷陳居圉卒荒 敵至必敗之形 兼進養兵休民 預備不虞之策 而又伏惟念臣本淺薄不能見信於聖明 從前連章累牘 盡歸空言 喋喋無益 故悶然中止 旣而繼聞 時論不靖 士類泮渙 朝廷之上 和氣日消 閭巷之間 浮議雲興 臣誠痛恨 仰屋竊歎 又不敢以寸忱 仰達冕旒之下 時或中夜撫枕 耿耿不寐 今玆伏承召命 責以諫長之職 感激之極 彌增惶恐 臣之才疏病深 不能前進之狀 曾悉底蘊 仰浡聖聽者 非一非再 式至于今 舊病不瘳 新知不長 揣分揆義 尙無就職之路 東望隕淚 精爽空飛 第念天恩重疊 愈久有加 臣今身旣不進 口又無言 則臣罪尤大矣 玆陳瞽說 伏祈睿採焉 今之時事 可言者多矣 姑先以最切而急者論之 臣聞自古國家之所恃而維持者 士林也 士林者 有國之元氣也 士林盛而和則其國治 士林激而分則其國亂 士林敗而盡則其國亡 已然之迹 昭載簡策 昔者 帝舜命九官十二牧 而濟濟相讓周武之臣三千 同心同德 此則士林之盛而和者也 唐之李德裕, 牛僧孺分朋結黨 相傾相軋 宋之羣賢 以類相從 論議不協 遂有洛黨川黨朔黨之

名 此則士林之激而分者也 東漢黨錮之禍 忠賢殆無孑遺 唐末白馬之慘 淸流悉葬魚腹 前宋章蔡之徒 悉逐元祐諸賢 而至立姦黨之碑 此則士林之敗而盡者也 其治亂興亡 莫不由之 此理勢之必至者也 今之士林 可謂和乎 臣未能知也 但聞東西之說 爲今大祟 此臣之所深憂也 臣請循本而言之 沈義謙出於戚畹之中 稍有向善之心 癸亥年間 李樑方禍士林 而義謙有救護之力 故士林許其爲人 許義謙者 是前輩士類也 金孝元少時雖無檢束 而後乃改行爲善 及其從仕也 律身淸苦 不畏强禦 且喜汲引名流故士林多推重焉 許孝元者 是後輩士類也 前後輩皆是士類也 若使不相疑阻 同心戮力 以奬王室 則不亦善乎 只緣義謙不忘孝元少時之愆 屢遏淸選之望 而孝元聲名日盛 竟不得抑 及孝元得路之後 又議義謙之失 以爲戇且氣粗 不可柄用 夫義謙之短孝元 初非有夙怨可銜也 只執嫉惡之心 而不知變通耳 孝元之疵義謙 亦非必欲復其私憾也 適其所見如此耳於是傍觀者 不能深究其實 而泛說二人交惡 加以不逞之徒交構兩間 顯有分黨之漸 乙亥年間 臣在玉堂 目見其然 深知異日醞釀成禍 乃見大臣盧守愼曰 兩人皆士類 非有黑白邪正之可辨 亦非眞成嫌隙 必欲相害也只是流言交亂 使朝著不靖 若此不已 恐成大患 不若姑出兩人於外 而消融彼此以鎭之也 守愼之意 適與臣合 達于經席 兩出之後 意謂庶幾帖息而臣以病退 時事之誤 末如之何 而議者始以出孝元 爲臣之咎矣 於是喜事造言者 做出東西之說 勿論公私得失 而只以許義謙者 謂之西人 以許孝元者 謂之東人 朝紳苟非庸碌闒茸 則皆入東西指目之中 嗟乎 前輩士類 非盡趨附於義謙也 亦多有以淸望自樹立者 只是義謙自附士類 而乃以前輩皆諉之義謙門客 則爲前輩者 不亦辱乎 後輩士類 亦非盡服孝元而推爲領袖也 亦多有以學問名世 得孝元之向慕者 而乃以後輩擧諉之孝

元門客 則爲後輩者 不亦羞乎 東西之名一出 而朝著無全人 其亦可謂士林之厄會歟 乙亥之所謂西人者 旣失人心 而厥後所謂東人者漸主淸論 不待相角 而勝負已決矣 去年 金誠一於經席 言及貪汚行賂 而被殿下猝問其名 乃不敢隱 直啓所聞 輾轉發露 爰及受者 臺諫不得已始劾三尹 當初非必有心於排擊三尹也 偶發之言 馴至於此 但東西立名 爲日已久 而受賂之家 適指三尹 故傍觀者 皆以爲有意於攻西 而不主於按贓也 其時諫長金繼輝受假在鄕 不能深察曲折 只聽道路之言 且以東人攻西爲不韙 故馳來獨啓 言甚失中 過不知裁 惹起士類之憤激 遂致大擾 臣於平日 嘗以繼輝爲解事可仗 而一朝疏脫至此 眞是咄咄怪事矣 旣然之後 若有心公見明者 鎭定兩間 和平者議 則庶或可以安靖 而大臣僅能自守 而力不能鎭物 其餘卿大夫 緘默容身 苟避鋒鋩 一任後輩之所爲 於是羣憾蝟起 衆怒如火 議論日激 無所裁制 譬如萬斛之船 泛于風濤 無一人操柁 而人競擊楫 罔有攸屆 臣未知厥終之如何也 日者憲府之疏 始敢顯斥西人爲邪黨 以義謙爲小人 議論之激 極於此矣 孝元 臣所知也 義謙 亦臣所知也 論其人則皆可用也 語其失則可謂兩非也 若必以一人爲君子 一人爲小人 則臣未之信也 何謂兩非 自古外戚之預政 鮮有不敗者 雖以竇武, 長孫, 無忌之忠賢 尙且膏身砧斧 義謙何人 敢以外戚欲預政事乎 此則義謙之非也 自古君子 鮮不避嫌 瓜田納履 李下整冠 古人所戒也 只有聖人大賢 能不避嫌焉 孝元何人 乃不避嫌 而直詆義謙 自取報怨之名 以來交構之舌乎 此則孝元之非也 臣爲是論 故今之議者 皆譏臣以爲含糊兩可 是非不明白 天下安有兩是兩非乎 臣謹應之曰 天下之爭是非者 亦有兩是焉 武王伐紂 伯夷扣馬 此乃兩是也 亦有兩非焉 戰國諸侯之兵爭 此乃兩非也 若使義謙誤國 而東人攻之 則是非不喩而自定矣 何費辭說之

有 今則不然 國家治亂 生民休戚 不係於義謙之進退 而明目張膽 必欲置之於小人之域者 果何見歟 竊觀時輩之意 不過欲防義謙再入之路 只加以小人之名 然後乃以和平處之 故其言曰 是非不可不明白 處置不可不和平 此言似矣 而實無要領 何以言之 夫所謂調劑者 兩皆士類 故可以相和矣 若是一爲君子 一爲小人 則水火不同器 薰蕕非一叢 自古及今 安有君子小人同調共劑 而能保其國者乎 是故 善善而不能用 惡惡而不能去 郭公之所以亡也 傳曰 見不賢而不能遠 過也 惟仁人 放流之 迸諸四夷 不與同中國 古之君子待小人若是其嚴者 何也 小人在朝 必能禍人國家故也 今之言者 若以義謙爲小人 則當盡言不諱 列數過惡 亟加以流放竄殛之典 可也 今乃隱忍容護 是事殿下不以直也 若以義謙爲非小人 則啓達之辭 不可不愼 而無故加人以惡名 不度虛實 惟快於意 是事殿下不以誠也 言者進退無據 必居一於是矣 義謙則已矣 收司之律 延及善士 至如鄭澈 忠淸剛介 一心憂國 雖量狹見偏 病於執滯 而論其氣節 則實是一鶚之比 而乃加以黨邪之名 使不能接迹於朝列焉 金繼輝淸白自守 明練典故 雖不重不威 病於輕率 而論其才器 則求之列卿 未見其比 而亦加以簧鼓之誚 使之退遯於荒野焉 韓脩恬靜老成 好善愛士 雖才智學識 有所未裕 而論其心行 則實是一國之良士也 而一言見忤 毁謗沓至 使之杜門不出焉 不論餘事 只此三人之退 已爲可惜 況其吹毛覓疵 使受汚名者 不止於此乎 時輩之意 亦非欲盡斥西人也 只欲强定國是 必使一時之人 皆曰東正西邪 然後乃收而爵之 使不抗己 此其素計也 雖然 一簞食一豆羹 蹴爾而與之 乞人不屑也 安有名爲士類 而甘受惡名 俯就羈紲者乎 待之不以士類 而乃以退去爲彼之過 則是閉之門而使之入也 乙亥 西人固失於前 而今者 東人之失 殆過於乙亥 尤而效之 不亦已甚乎 噫 朝廷者 殿下

之朝廷也 官爵者 國家之公器也 當以公論 盡用一時之人才 義謙, 孝元兩人是非之辨 有何大關 而乃以此定其擧錯乎 況國是之定 尤不可以口舌爭也 人心之所同然者 謂之公論 公論之所在 謂之國是 國是者 一國之人 不謀而同是者也 非誘以利 非怵以威 而三尺童子 亦知其是者 此乃國是也 今之所謂國是 則異於此 只是主論者自以爲是 而聞之者或從或違 至於愚夫愚婦 亦皆半是半非 終無歸一之期 豈可家喩戶說而强定之乎 不過益人之疑而反生厲階耳 作此論者 非士類之意盡然也 其閒非無深識遠慮之士 而迫於衆議 不能自主張焉 士論之橫潰 何時可定乎 嗚呼 才難之歎 三代猶然 矧今衰世 人物眇然 屈指無幾 雖使一時士類 不問前後同寅協恭 共濟國事 猶恐時危力綿 不克有成 況復隔以東西 甄別流品 必欲捨彼取此者乎 一自蚌鷸相持之後 前瞻後顧 左牽右掣 猶恐彼之圖我 故更無餘力可及他務 夫是之故 仕路混濁 紀綱日頹 生民日殘 而莫之匡救 假使東得君子之名 西得小人之名 其亦何補於四方之蹙蹙乎 臣之所憂 不止於此 自古士類多敗少成 雖使持論粹然一出於正 尙被小人加以朋黨之名 誅竄相繼 況今士類處事失中 讒閒易乘 安知後日之禍 不兆於今日之擧乎 若有小人窺伺機會 巧生網打之計 則臣恐激而分者變爲敗而盡 而國隨而亡也 乙巳大小尹之分黨 初不與於士林 而尙彼小人之嫁禍 況今士林相激 而寧免士林之禍乎 幸今聖明當宁 洞燭情狀 而且無小人可乘之機 故雖致紛挐 而不生大禍 此則聖主之惠也 雖然 及今聖明之朝不施解紛之策 而任其傾軋 無有了期 則後日潰癰之痛 必甚於今日 而非所以貽厥燕翼之謨也 殿下其不欲朝廷安靖 國論歸一乎 夫朝廷之靖 國論之一 亦有二道焉 君子得君 諫行言聽 百僚奉職 莫有異論 則是以善歸一者也 小人得君 謀行計遂 箝制人口 道路以目 則是以不善歸一者也 當

今聖明 如日中天 固無小人售姦者矣 又不聞君子之行道其也 小人旣不售姦 君子又不行道 則宜乎人各有言囂囂不定也 近來 國家無世不被小人之禍 以不善歸一者 則聞見已熟矣 殿下何不一使君子得志 使斯世得見以善歸一之盛事乎 伏願殿下以臣此疏 下于公卿大臣 使之商議 如以臣言爲是 則下敎朝紳 使之洗滌東西 不復甄別 惟賢惟才則用之 不賢不才則舍之 同朝之士擧 皆一心徇國 無復疑阻 激濁揚淸 整肅朝綱 而其或偏主已見 不從公議者 則裁而抑之 或有必欲交構 造言生事者 則斥而遠之 夫如是則士林之幸 可勝道哉 如以臣言爲非 則亦須顯加庇惡之罪 永不收敍 亦定國是之一助也 臣非不知臣疏朝上 醜詆之口 夕集臣身 而不容自已者 伏念愚臣受國厚恩 仰報無路 假使摩頂放踵 苟利國家 臣亦不辭 豈敢只欲保全虛名 而不盡忠言 以負殿下乎 臣言略盡 而又念國家自韓明澮以來 外戚多執權柄 蠹國病民 爲世大患 甚者 至於魚肉士林 故外戚二字 士類視之 有同豺虎鬼蜮 蹙頞相對者有年數矣 如義謙者 別無罪惡 而一遭指玷 年少士類 望風排擯 猶恐不及者 豈盡希旨附會者乎 良由名爲外戚 故不復舒究 而一槪非之耳 由是觀之 則雖洗滌東西 悉加器使 而若義謙則只當保其爵祿 不可更居要地也 因此垂訓後世 使之永勿授外戚以權柄 則亦聖明裕後之一道也 嗚呼 今日可言者 豈止於此乎 若其養兵休民 預備不虞之策 則臣雖在野 爲國焦思 或有愚見 而決知迂疏之計不合時用 故不敢瀆陳矣 恭惟殿下每下召命者 此豈哀臣之窮而欲祿之乎 必念愚臣之言 或有可採故也 臣雖病不能進 而言則已達矣 儻蒙用臣之言 遞臣之職 而許臣閒退 使得優遊養痾 耕鑿任意 則天地父母之恩 臣尤不知所報 伏惟聖明垂諒焉

● 출전: 『栗谷先生全書』 권7. 「辭大司諫兼陳洗滌東西疏 己卯」

4. 참고문헌

최이돈, 『朝鮮中期 士林政治構造研究』, 서울, 일조각, 1994.

김범, 「조선시대 사림세력 형성의 역사적 배경」, 『국학연구』 19, 2011.

이정철, 「선조 대 당쟁의 원인과 전개양상-이이를 중심으로」, 『장서각』 28, 2012.

조선전기 방납의 폐단과 대동법

1. 제목

방납의 폐단

2. 해제

이 사료가 실려 있는 『明宗實錄』은 宣祖代(재위 1567~1608)에 편찬된 明宗(재위 1545~1567) 시대의 실록이다. 『명종실록』은 당파의 갈등, 당시 사회 · 경제적 문제 등의 자료들을 담고 있다.

조선전기 사회경제사를 이해함에 있어서 防納의 문제는 매우 중요한 비중을 차지한다. 방납은 조선전기 사회경제의 근간을 허무는 가장 중요한 계기를 마련하였기 때문이다. 조선전기 정부는 貢納制를 통하여 지방의 특산품을 중앙에 상납하도록 하였다. 이것은 郡縣의 土地結數와 戶口數를 고려하여 책정되었으며 다시 군현은 호에 공납을 배정하였다. 이러한 공납제는 곧 문제점을 발생시켰다. 배정된 물품이 고르지 않았고 그것을 산출해서 운송하는 데 현실적인 어려움이 따랐다. 그러한 이유로 代納이 불가피하였다. 대납은 중간에서 농민들로부터 일정한 보상을 받고서 대신 물품을 구해서 납품하는 일이었다. 이 과정에서 다양한 부정한 방법들이 나타났고 이것은 결국 방납으로 발전하였다. 물가의 차이 등을 이용하여 농민들로부터 과도한 보상을 요구하고 그것으로 이윤을 가져가면서 다양한 권력층에서 방납을 이용한 부정부패가 만연하게 되었다. 특히 명종 시대에는 그 폐단이 극에 달하였다고 할 수 있다. 勳舊派의 전횡과 그에 편승한 다양한 이권 세력들은 방납을 이용하여 자신들의 부를 늘렸다. 『명종실록』의 이 기사들은 방납의 폐단을 지적하면서 이것을 시정해야 함을 주장하였다.

3. 사료

諫院啓曰 各司防納之弊 其來已久 而近因年凶 物價翔貴 古直一匹者 今至十倍 一物之納 蕩盡家產 防納者緣此而益圖其利 此由於守令不自親監輸送 使民自納 故防納之人 恣爲奸濫也 前亦論及此弊者 固非一再 而不爲處置之方 故至今未革 請令該曹 磨鍊施之 答曰 如啓

● 출전: 『明宗實錄』 권6, 明宗 2年 8月 13日 辛卯

上御朝講 大司憲李蓂曰 外方守令 凡於貢物 或已納而疊徵之 或蠲減者復徵之 故犯罪守令 已罷其職 諫院又啓請推鞫防納人等 此事甚當 但守令一切不許防納 則其弊永絶 守令脅於權勢之請 不能卒革也 今富商大賈及各司之人 安坐而食 至於衣服侈奢者 皆防納之利也 故分守列邑 若爲已物 而世傳其利 如有剛明之官 欲救此弊 則下人等 百端構陷 安有如此痛心事乎 領經筵事沈連源曰 京中物價甚重 故市井牟利之徒 皆付於防納矣 爲守令者 折定其價 使不得濫徵於民間可也 而使防納之人 自

徵於民間 其弊不貲 此無他 守令則恐其解由之不成 喜其易納之爲便 故不爲檢察 京官 從其勢家之請 畏其構毁之言 故亦不糾檢中外之弊 口不可勝言也

● 출전: 『明宗實錄』 권13, 明宗 7年 9月 25日 甲辰

戶曹啓曰 病民作弊 蠹竊國用 莫甚於防納之人 故治之之法甚嚴 人猶有所畏而不敢犯 今則防納之弊 日以益甚 各官正供之物 皆在於其手 牟利自私 經年不納 以此民日就窮 而賦斂愈急 國庫虛竭 而經費不足 此皆守令等交通防納之所致也 近者以一貢物 而再爲陳省者有之 則再徵於民間 民何以聊生 自今以後 疊陳省守令 不以公罪照之 一切罷黜 以杜防納之源 傳曰 如啓

● 출전: 『明宗實錄』 권29, 明宗 18年 1月 13日 壬辰

4. 참고문헌

고석규, 「16 · 17세기 貢納制 개혁의 방향」, 『韓國史論』 12, 서울대학교 국사학과, 1985.

박도식, 「朝鮮前期 貢物防納의 변천」, 『경희사학』 19, 1995.

박현순, 「16~17세기 공납제운영의 변화」, 『韓國史論』 38, 서울대학교 국사학과, 1997.

•••

1. 제목

대동법의 실시

2. 해제

이 사료가 실려 있는 『孝宗實錄』은 조선 후기 顯宗代(재위 1641~1674)에 편찬된 孝宗(재위 1649~1659) 시대의 실록이다. 『효종실록』은 병자호란 이후 조선의 정치 · 사회 · 경제적 상황들에 관한 많은 자료들을 담고 있다.

大同法은 조선전기 방납의 폐단을 극복하기 위한 방안으로 강구되었다. 貢納은 농민층에게 커다란 부담이었다. 이 과정에서 관료 상인 등이 농민들에게 대가를 받고 대신 국가에 현물을 바치는 防納이 성행하게 되었다. 방납을 주도한 세력들은 물가의 차이 등을 통하여 점차 농민들에게 높은 대가를 요구하였고 이를 통하여 다양한 폐단을 야기하였다. 방납의 폐단은 농민과 국가 경제에 매우 중요한 해를 끼쳤으며 이를 극복하고자 하는 방안들이 관료들에 의하여 계속해서 강구되었다. 李珥(1536~1584)는 代貢收米의 방식을 제안하였고 이어 柳成龍(1542~1607) · 李元翼(1547~1634) · 韓百謙(1552~1615) 또한 이에 동조하였다. 하지만 이것은 방납을 주도하던 세력에 의하여 좌절되어 제대로 시행되지 못하였다. 하지만 壬辰倭亂과 丙子胡亂을 거치면서 농민층이 피폐화되고 국가 재정 또한 어려워지면서 조선 정부에서도 농민층의 부담을 경감시키고 국가 재정을 확보할 수 있는 방안으로 대동법의 시행을 더 이상 방기할 수 없었다. 金堉(1580~1658)은 대동법을 완성시켰다고 평가받는 인물로서 그는 대동법이 정착하는 데 매우 중요한 역할을 수행하였다. 이 사료는 김육이 효종 즉위년인 1649년에 兩湖(호남과 호서지역)에 대동법 실시를 건의한 글로 대동법이 어떻게 농민층의 생활을 안정시킬 수 있는지에 대해서 서술하고 있다. 이와 함께 당시 대동법이 어떠한 어려움 속에서 실현되고 있었는지를 잘 보여주고 있다.

3. 사료

右議政金堉上箚曰 王者之政 莫先於安民 民安然後 國可得而安矣 古人有言 天變之來 民怨招之也 民生苦於賦役 無樂生興事之心 則怨氣鬱結 象見于天 此必然之理也 人君遇災而懼 側身修省者 非有他道 只是行保民之政 使之安其生而已 大同之法 均役便民 實救時之良策 雖不能遍行於諸道 畿甸關東旣行而得力 若又行之於兩湖 則安民益國之道 無大於此者 卒哭之後 卽當議定 而客行適到 尙此遷延 今則客使已過 而廟堂之論 寂然無聞 臣竊怪之 若待臣以會議 則臣之不幸病伏 亦誤事之一罪也 臣所以汲汲於此者 此事當行於嗣服之初 年凶則又難行 而歲運稍稔 此天借之便也 明歲之役 及冬前議定 乃可行之 臣之如恐不及者此也 使臣出而會議 所言不過如此 言或可用 則生民之幸也 若無可採 則特一老妄錯料事之人 將焉用彼相哉 天下之事 好相矛盾 子産所謂 豈敢謂子面如吾面者 臣之所深慨也 古人云 謀事在人 成事在天 臣之所恃 獨殿下之天耳 敢以別幅 竝獻焉

其別幅曰 民間百役 皆出於田結 此卽古者經界之法也 國家多事 民役日重 一年應行之役 每結所費 幾至木綿十餘匹 少不下七八匹 意外橫出之役 不在此限 民何以不困 今若定爲大同之法 每一結〈十束爲一負 百負爲一結 從田所收多少 曰束曰負曰結〉春出木綿一匹米二斗 秋出米三斗 則摠爲十斗 而田稅之外 進上貢物本道雜役本邑所納 皆在其中 一納之後 終年安臥 比之京畿宣惠春秋八斗 一年十六斗 亦甚寬矣 兩湖田結 共二十七萬結 木綿爲五千四百同 米爲八萬五千石 付之能手 規劃措處 則米布之餘數 必多公藏私蓄 上下與足 意外之役 亦可以應之矣 但貪猾之吏 嫌其色目之簡 牟利之輩 怨其防納之難 必胥動浮言以撓之 臣之所慮者此也

上覽其疏 令備局議之 備局啓曰 此事就令行之 必須有漸 如湖西一道 似當先試 改作之擧 利不十倍 則古人有戒焉 慮始之際 不可不十分審處 頃因李景嚴請設大宣惠之疏 領敦寧府事金尙憲獻議以爲 若有窒礙難行之弊 則必有不悅者之謗 待過諒闇後 面稟以定云者 亦此意也 今者右議政金堉所陳兩湖大同 實係大段變通 臣等不敢率爾裁定 問于金尙憲 則意見如前 請待金堉出仕 稟議於榻前 從之 及金堉出仕 上引見大臣及備局諸臣 以大同利害 問于諸臣 右議政金堉曰 此與宣惠之法無異 宣惠之法 故相臣李元翼所建白 而先行於京畿江原兩道 未及行於湖西 今宜先試於此道 而三南多富戶 此法之行 富戶之所不悅也 國家施令 宜從小民之願 何憚於富戶 而不行便民之法哉 左議政趙翼延陽君 李時白皆曰 行之便 戶曹判書李基祚護軍鄭世規皆曰 不便 上曰 大同之法行而大戶怨 不行而小民怨 則怨之大小如何 諸臣皆曰 小民之怨大 上曰 酌其大小而行之

● 출전: 『孝宗實錄』 권2, 孝宗 卽位年 11月 5日 庚申

4. 참고문헌

이정철,『대동법: 조선 최고의 개혁 : 백성은 먹는 것을 하늘로 삼는다』, 서울, 역사비평사, 2010.

이헌창,「근세 실학의 선구자이자 실천자인 金堉(1580~1658)」,『한국실학연구』 33, 2017.

최주희,「17세기 전반 호서대동법의 성립배경－權盼(1564~1631)의 활동을 중심으로－」,『한국실학연구』 37, 2019.

정조시대 당파의 갈등과 통합

1. 제목

시파와 벽파의 갈등

2. 해제

이 사료가 실려 있는 『純祖實錄』은 조선 후기 憲宗代(재위 1827~1849)에 편찬된 純祖(재위 1800~1834) 시대의 실록이다. 『순조실록』은 正祖(재위 1776~1800) 이후 19세기 조선의 정치 · 사회 · 경제적 상황이 어떠한 방식으로 전개되고 있었는지를 잘 보여주고 있다.

정조대 정치사에서 가장 커다란 문제는 時派 · 僻派의 분기와 그로 인한 갈등이었다. 이 사료는 시파와 벽파가 어떠한 과정에서 형성되었는지를 보여준다. 이 사료는 시파와 벽파의 기원이 金龜柱(1740~1786)와 洪鳳漢(1713~1778)에 있었다고 서술하고 있다. 김귀주와 홍봉한은 모두 英祖(재위 1724~1776)의 외척이었다. 이 사료에 의하면 홍봉한은 사도세자의 비인 惠慶宮洪氏(1735~1815)의 아버지로서 일찍부터 권세를 떨쳤으며 이로 인하여 淸論의 선비들로부터 배척받았다고 한다. 청론의 선비들은 외척의 정치참여를 반대하던 노론 청류

세력들을 말하며 東園十三學士라고 불리는 이들이 대표적이었다. 김귀주는 영조의 비인 貞純王后(1745~1805)의 아버지였다. 그는 홍봉한에 반대하는 이들을 규합하여 홍봉한에 대적하였다. 그가 모은 이들이 金鍾秀(1728~1799)·鄭履煥(1731~?)·沈煥之(1730~1802) 등이었으며 이들 가운데 김종수·심환지는 동원십삼학사의 구성원들이었다. 이들은 벽파로 활동하였다. 벽파에는 김귀주의 종숙 金漢祿(1722~1790)을 통하여 호서지역의 인물들도 다수 가담하였다. 湖洛論爭 과정에서 人物性異論을 주장하였던 호론 가운데 상당수는 김귀주의 南黨을 통하여 벽파에 가담하였다. 그들은 강한 노론 의리론을 주장하였으며 이를 통하여 홍봉한을 중심으로 현실에 부합하려는 정치세력을 시파로 규정하고 그들을 노론 의리의 수정주의자로서 비판하였다. 이 자료는 김귀주의 남당과 홍봉한의 북당이 어떻게 벽파와 시파와 연결되는지를 보여준다는 점에서 중요한 사료라고 할 수 있다. 단 이 사료가 순조대 시파였던 안동김씨가 권력을 장악한 뒤에 서술된 것이라는 점에서 일부 편향된 점이 있다는 것은 주의할 필요가 있다. 이 사료는 안동김씨 세도정권의 입장을 중심으로 구성되었을 가능성이 있다.

3. 사료

依三司合辭 龜柱施以追奪之典 自英宗晩年 有戚里南北之稱 南則金龜柱居泥峴 北則洪鳳漢居安國洞 而鳳漢先已貴顯 位上相 秉國政十餘年 權重勢盛 多不厭人心 淸論之士 皆斥之 龜柱以晩進 思與之角 廣交寒畯 曲收虛譽 與金鍾秀鄭履煥沈煥之等 結爲死黨 以傾洪氏 又因壬午五月

後 忌正廟當儲副 陰爲動搖計 而龜柱之從叔漢祿者 本受業於故掌令韓元震之門 故湖中士 多相與者 乃托講論 引宋儒胡氏 唐 中宗說 倡八字凶言 轉相煽惑 時故副學金時粲 雅有重名 聞此說 據朱子答張敬夫書 嚴斥之 其計遂沮 正廟亦燭其狀 然以其爲貞純大妃至親 隱其事 及丙申 鳳漢之弟麟漢 因沮戱代理 以逆論死 洪氏盡廢 未幾 龜柱亦以壬辰攻鳳漢疏 敢道自內酬酢 以儲君爲證 而言自犯不道 與辛卯宮城扈衛時 與其叔漢耆賊臣鄭厚謙 綢繆排布 眩惑天聽 其秋 又以某年罔極不忍聞之說 恐動內外等四大罪案 竄海島 而鍾秀方挾賊臣洪國榮柄用 以攻洪氏爲義理 故龜柱雖敗 其黨猶盛 乙卯局勢一變 煥之當國 蓋數十年來 追南者謂之僻 近北者謂之時 論議分裂 傾軋不已 庚申垂簾 因大臣請復龜柱官 其弟龍柱子魯忠漢祿之子觀柱日柱等 復起用事 與煥之協謀 構殺鳳漢之子樂任 凡不附己者 竝以背馳義理 主張追崇 聲其罪 竄逐廢黜 朝著爲空 又以漢耆遺疏上絲髮之怨 皆用逆律 先是正廟庚申 定王世子大婚於金祖淳女 已行再揀 正廟禮陟 貞純大妃念祖淳當爲肺腑之親 擢授戎垣 於是龍柱輩 以祖淳非其黨 恐大禮之後 終爲已患 遂嗾大司憲權裕 粧出辛酉凶疏 以都人尹姞 曲埃徙薪 等語 爲熒惑嘗試之漸 又發 三揀不爲月無吉之說 誘脅一世 煥之以首相 奬裕以老臣忠悃 機甚危迫 賴貞純大妃 確然不動 未敢售 至甲子夏 因臺臣言 鞫裕徑斃 施大逆律 誅其于犯者 乙丑冬右相金達淳 初筵請景慕宮代理時上書人朴致遠尹在謙褒典 仍進洗草書本 以干犯某年 背馳先王 賜死 凡其黨與 盡行竄黜 追削煥之官 及金履永疏發 漢祿凶言 擧國討之 追施大逆律 應坐者配之 復削龜柱官 又追削鐘秀官 蓋龜祿稔凶首尾五十載 至是罪人斯得 天討始大行焉

● 출전: 『純祖實錄』 권9, 純祖 6年 6月 25日 辛丑

4. 참고문헌

김성윤, 『朝鮮後期 蕩平政治 硏究』, 서울, 지식산업사, 1997.

박광용, 『영조와 정조의 나라』, 서울, 푸른역사, 1998.

최성환, 「正祖代 蕩平政局의 君臣義理 연구」, 서울대학교 대학원 박사학위논문, 2009.

• • •

1. 제목

정조의 당파 통합 노력

2. 해제

이 사료가 실려 있는 『弘齋全書』는 正祖(재위 1776~1800)의 문집이다. 『홍재전서』를 통해서 정조의 사상과 정치 · 사회 · 경제에 대한 관점들을 살펴볼 수 있다.

이 사료는 정조가 尹行恁(1762~1801)과 경연에서 논의한 經學과 性理說에 대한 내용이다. 윤행임은 정조의 측근 신하로서 활동하였으며 정조의 의중을 잘 받든 신하로서 평가받고 있다. 따라서 그와 나누었던 대화는 정조의 탕평정치관과 정책을 이해하는 데 많은 도움을 줄 수 있다. 특히 이 사료는 정조의 탕평사상이 어떠한 모습을 가졌는가를 잘 보여준다. 당시 조선의 성리학계에서는 湖洛論爭이 유행하고 있었는데 이 사료는 정조가 호락논쟁 가운데에서 洛論의 입장을 지지하고 있었음을 보여준다. 정조의 주장은 理는 일관되고 모든 사물에 균등히 부여되어 있지만 각각의 기질에 따라서 리에 대한 왜곡이 일어난다는 것이었다. 이것은 낙론의 입장과 부합하였다. 그리고 이것은 단순히 성리설에 그치지 않고 정조의 탕평사상과 깊은 관련성이 있었다. 이 리를 왕의 의지로 본다면 왕은 모든 사람들과 신하들에게 균등하게 은혜를 베푼다는 의미로 해석될 수 있었다. 이

리는 처음에는 하나였다가 흩어져 만 가지가 되고 다시 하나로 합하는 것이라는 것은 곧 정조와 신하들과의 관계를 상징하였다. 정조가 성리설을 설명하면서 군주와 신하의 비유를 든 것은 이러한 이유 때문이었다. 이 사료를 통해서 정조가 어떻게 탕평정치의 사상적인 기반을 마련하였는지를 알 수 있다. 처음 "天降生民"에서 "則豈所以仰副古聖人嘉惠後學之至誠苦心哉" 부분까지는 윤행임의 질문이며 "曰降衷曰天命"에서 "吾於是乎無間然" 부분까지의 내용은 윤행임의 질문에 대한 정조의 답변이다.

3. 사료

天降生民 則旣莫不與之以仁義禮智之性 夫所謂性者 書之降衷 中庸之天命是耳 往古來今 堯舜與路人一也 而朱子又曰天之生民 各與以性 大抵各之爲言 不一之謂也 故言變化則曰各正 言上下則曰各從 卽人與人同 物與物同之所以爲分界之處 而旣云生民 又云各與者何謂也 單指氣一邊而不及本然之故歟 孟子只言性善 而未嘗言氣質二字 惟於口之於味一章 氣質本然 兩項對說 豈孟子不知有氣質 而專主繼之者善而然乎哉 誠以學敎陵夷 邪說盈塞 不復見先王之盛者 若不以義理而倡明之 則陵夷者日益陵夷 盈塞者日益盈塞 故專以義理爲天下昭揭如日星 此孟子所以功不在禹下者也 孔子曰相近 孟子曰善 本然氣質之稱 已自孔孟而始之 至程朱 開口便說 則後於孔孟程朱者 秖可守而勿失 奉而勿墜而已 苟或別生意見 評騭彼此之同異 攷證辭意之輕重 而徒藉於頰舌 無益於身心 則豈所以仰副古聖人嘉惠後學之至誠苦心哉

曰降衷曰天命 降之命之者皆理也 理只是太極 此云各與以性 猶言各具

一太極 來說之訓各爲不一 而有此起疑而條問者 吾意則以爲未必然 此各字異於各色各樣之各 帶得分字義 天以此理 均分萬物 人則全有而自明之 物則偏得而或通焉 全與偏之若相不一然者 非是於人如是付予 於物如彼賦與也 分之之理固同然 而受之者有殊 爲氣所使也 尊若認得均分之義 則各字之義 自當躍如 大抵是理也 始一散萬 復合于一 天子則之班五瑞于五等諸侯 及其肆覲 輯其前所班者 以瑁圭合而驗其信然 昔夏禹氏君天下也 執玉帛者萬國 惟其班之 是以輯之 欲識各與其性之所以 盍於能盡其性處諦看 而覺得一理之均分耶 故曰一理瑁圭也 性五瑞也 班於諸侯 如各與其性 輯而合之無錯 如能盡其性也 若是則萬國之玉皆出於四寸之冒 而執此冒而驗之者 惟一人 今以萬國五等之桓圭蒲璧等各異其制 亦可謂之班之不均乎 一貫之旨 萬川之喩 吾於是乎無間然

● 출전: 『弘齋全書』 권126, 「曾傳秋錄」 序

4. 참고문헌

박광용, 『영조와 정조의 나라』, 서울, 푸른역사, 1998.

김성윤, 『朝鮮後期 蕩平政治 硏究』, 서울, 지식산업사, 1997.

최성환, 「正祖代 蕩平政局의 君臣義理 연구」, 서울대학교 대학원 박사학위논문, 2009.

조선후기 신분제의 갈등과 통합

1. 제목

서얼들의 신분상승 운동

2. 해제

이 사료가 실려 있는 『英祖實錄』은 正祖代(재위 1776~1800)에 편찬된 英祖(재위 1724~1776) 시대의 실록이다. 『영조실록』은 18세기 균역법, 탕평정책, 많은 신분상승 운동 등의 사회 경제적 문제들에 관한 자료들을 담고 있다.

조선 초기 庶孽禁錮法이 마련된 이후 서얼은 자신뿐만 아니라 후손들까지도 서얼로 규정되어서 관직 진출과 사회적 활동에 많은 어려움이 있었다. 이를 시정하고자 하는 서얼들의 요구와 왕들의 조처가 있었음에도 여전히 이는 시정되지 않았다. 이 사료는 1724년 영조가 즉위하자 260명의 서얼들의 관직 진출에 차별을 두지 말 것을 요구하는 상소문이다. 서얼들은 우리 동방은 사람을 취하는 법규에 차별이 없었는데 조선 太宗代(재위 1400~1418)에 서얼 자손을 현직에 서용되지 못하게 한 이후로 이것이 법규가 되어서 서얼은 관직 진출에 차별을 받게 되었다고 주장하였다. 이어 宣祖(재위 1567~1608)와 仁祖代(1623~1649)에 서얼의 차별을 완화·폐지하고자 하는 노력이 있었으나 제대로 시행되지 않아서 서얼에 대한 차별은 지속되었다고 하였다. 그들은 상소문에서 서얼들은 국가에 충성한 인물들이 많았으며 중국의 경우에도 서얼은 단지 그 자신에게만 한정될 뿐이고 그 자손까지 서얼이라고 이름하는 경우는 없었음을 말하였다. 이에 대해서 영조는 해와 달의 비침은 精粗를 가리지 않는다고 하면서 서얼들의 주장에 동조하였다. 하지만 즉각적인 조처에 대해서는 신중한 자세를 보여서 천천히 강구하여 처리하겠다고 하였다. 이 기사에 대해서 사관은 "柳子光(1439~1512) 이후로 서얼의 通淸을 허락하지 않았는데 이에 이르러 서얼들이 스스로 통청을 청하니 조정의 기강이 날로 문란해짐을 볼 수 있다"고 평하였다. 서얼들의 신분상승 요구와 이에 대해서 여전히 보수적인 집권층의 입장을 엿볼 수 있다. 서얼들의 신분상승 운동은 19세기까지 지속적으로 전개되었다.

3. 사료

命鄭震僑疏不捧承旨推考 大駕出東門 路北有一人 立陣內 奉持一竿木 木末懸紙 紙上大書窮人抱冤四字 命問之 乃呈疏人也 命上疏捧入 卽庶孽進士鄭震僑等二百六十餘人疏也 承政院啓 震僑等 闌入作門內 呼訴駕前 作門擅入 前所未有 請把守將校查治 大將推考 闌入疏儒科罪 批曰依啓 旣入於作門之前 疏儒勿治 又敎曰 承宣與大臣 曾以語雖狂妄 不捧疏章 有關後弊陳達 則今觀鄭震僑疏云 來呈已久 喉院不捧 當該承旨推考 震僑上疏 略曰

庶孽錮廢之法 乃是天下萬古之所未有 自三代以降于漢唐宋大明之世 庶孽位將相顯名績 吾東方 上自三國 至高麗五百餘年 取人之規 一遵中華無所間隔 太宗朝 右代言徐選 始倡無前之議 庶孽子孫 勿敍顯職 其後姜希孟纂次經國大典也 竝與其入仕赴擧之路 而錮塞之 是以頒降大典之歲旱暵肆酷 餓莩相望 議者皆歸咎於此 故成廟惻然警動 將欲更張而未及施行 宣廟初 申濆等千餘人 上章籲冤 宣廟敎曰 葵藿向日 不擇旁枝 人臣願忠 豈必正嫡 此可見大聖人至公至正之心 至萬曆癸丑 先正臣李珥始建復古通用之議 而適有邊警 未暇猝變 先開許通赴擧之路 其意蓋欲次第疏通也 及至仁廟朝 副提學崔鳴吉 與同僚沈之源金南重李省身李景容 陳章力請通用曰 禮制之定 莫嚴於三代 而嫡庶之名 只行於私室 不行於公朝 門地之別 莫詳於六朝 而用人之際 惟問其父姓 不問其母姓 蓋天之生才 無間於貴賤 王者用人 不拘於門地 此天理之當然 而百王之所不易也 我國庶孽 勿敍顯職之議 初出於徐選 而厥後輾轉 一節深於一節 終至子孫永錮 雖有才德 率皆抑塞而不揚於世 擯斥而不與於人 垂頭屛氣如負大罪 無復父子之恩 君臣之義 傷倫逆理 莫此爲甚 匹夫含冤 足傷和氣 況其麗不億者乎 新豐府院君 張維 亦上疏繼論 仁廟令該曹稟處 吏曹判書金尙容回啓 謂宜依維言施行 仍請議大臣 其時 相臣李元翼尹昉等獻議曰 卑薄庶孽 天下萬古所未有之法 殊欠王者立賢無方之道 相臣吳允謙獻議曰 禁錮庶孽 非先王大公之政 通用之擧 實爲合理 世之病難行者 以名分紊亂爲言 而嫡庶名分 只自家門戶中事 朝廷只用賢收才而已雖貴顯之後 嫡庶之間 如有犯分之事 則邦憲固嚴 紊亂非所慮也 該曹之覆啓 大臣之獻議 皆出於一體通用之意 二品以上諸臣之議 亦皆歸一 而惟以數人之立異 只許三曹矣 其後崔鳴吉判銓曹時 啓云 曾在乙丑年間

領府事李元翼 因弘文館箚子 庶孼登科後 許要 不許淸 稟裁聖旨 兩司署經 藏之禮曹 以爲一代之成法矣 今過九年 一不擧行 使聖朝講定之制 歸於虛地 事甚未安 事目內所謂許要者 卽戶刑工郞廳及各司長官之謂也 自今以後 請依受敎 隨才擬望 許之 辛喜季沈日運金宏李慶善若干人 得拜刑工郞 今幾四五十年 肅廟朝李磧一人 僅拜戶郞 而群起斥之 竟至呈遞 尙至今寂寥

又曰 歷代名臣 多出庶孼 以中國言之 則在漢有衛靑霍去病 在晋有裵頠周顗陶侃桓石虔裵秀阮孚 在唐有蘇頲李愬杜荀鶴令狐彰 在宋有韓琦范仲淹陳瑩中鄒志完胡寅 以東國言之 則鄭文則官禮部尙書 李世黃官閤門祗候 權仲和官都憲

又曰 成廟以後 庶孼多傑出之人 如朴枝華魚叔權曺伸李達鄭和林芑梁大樸權應仁金謹恭宋翼弼兄弟李山謙洪季男劉克良權井吉是也 伏乞斷自宸衷 廓開調用之路 則數百年來許多抱冤長逝者 魂亦感激鼓舞 圖報聖德於九地之下 天心自亨 和氣旁流矣

又曰 中國所謂庶孼 只其身耳 未聞幷與其子孫而名之 我國則一係庶派 雖至累十世 不能脫

又曰 封章伏闕 將一月矣 疏凡十三上 而爲一承宣所力却 此不過賤薄臣等 不齒人類 旣錮其身 又箝其口 直欲痛哭於闕門之外 而惶恐不敢矣

批曰 我國本以偏小 用人亦甚不廣 予竊慨然 天人一也 日月所照 旣不擇於精粗 則王者用人 豈有間於其中哉 爾等所引有據 而但玆事 其來已久 不可猝變 其在愼重之道 惟當徐究處之 三曹郞事 令該曹 依仁廟受敎擇擬

〈史臣曰 柳子光以後 不許庶孼通淸 至是 群庶孼 自請通淸 可見朝綱之

日紊也〉

● 출전: 『英祖實錄』 권2, 英祖 卽位年 12月 17日 丙戌

4. 참고문헌

이종일, 「16 · 17 世紀의 庶孼疏通論議에 대하여」, 『동국사학』 20, 1986.

이종일, 「18 · 19世紀의 庶蘖疏通運動에 대하여」, 『한국사연구』 58, 1987.

최이돈, 「조선 초기 서얼의 차대와 신분」, 『역사학보』 204, 2009.

• • •

1. 제목

서얼신분 상승운동에 동조하는 박지원의 글

2. 해제

이 사료가 실려 있는 『燕巖集』은 朴趾源(1737~1805)의 문집이다. 박지원은 조선후기 북학사상가로서 널리 알려져 있으며, 그의 동료들 또한 북학뿐 아니라, 다양한 학문 분야에서 많은 두각을 나타내었다. 『연암집』을 통해서 박지원의 새로운 개혁사상을 살펴볼 수 있다. 이 사료는 실학자 박지원이 庶孽들의 疏通을 청하면서 올린 상소문이다. 박지원은 中華와 夷狄에 대한 기존의 고정된 관점을 교정하면서 양자에 대한 공정한 입장과 자세를 가질 것을 촉구하였다. 이것은 그의 北學思想을 이루는 핵심적 내용이었다. 이와 흡사한 맥락에서 박지원은 서얼의 문제에 대해서도 공정한 입장을 취할 것을 촉구하였다. 그는 서얼에 대한 차별법규는 불합리한 제도라는 것을 역설하면서 왕과 국가는 모든 백성들을 공정하고 균등하게 대하여야 한다는 사실을 주장하였다. 이 상소문에서 박지원이 서얼의 문제를 正祖(재위 1776~1800)의 蕩平論과 연계하여 설명한 점은 주목해야 할 부분이다. 이것은 탕평론이 갖는 함의가 단순히 정치적인 영역을 넘어 사회적인 부분에서도 당시 지식인들에게 포착되고 있음을 알려주기 때문이다. 이 사료는 18세기 후반의 북학사상, 서얼허통론, 탕평논의가 어떻게 서로 연결될 수 있는가를 보여주며 박지원의 사회사상을 이해하는 데 중요한 정보를 제공하고 있다. 여기에서는 원래의 상소문 가운데에서 후반부만을 실었다.

3. 사료

名分之說 臣已辨之悉矣 請於更張舊制之論 復得而極言之 夫法久則弊 事窮則通 故時當遵守而遵守者 迺繼述也 時當通變而通變者 亦繼述也 固執更張 惟其時宜 則其義一也 詩云 天生烝民 莫非爾極 書曰 惟精惟一 允執厥中 夫極者 理之盡也 中者 義之當也 洪範曰 無偏無陂 王道平平 此之謂也 況且禁錮之法 稽之往古而無其法 攷諸禮律而無所據 初出於一人之售憾 而本非開國之定制 百年之後 宣廟始許赴擧 及仁祖 又許三曹 由是觀之 列朝更張變通之聖意 斷可知矣 嗟乎 生爲庶孼 爲世大僇 禁錮顯要 而踈逖於朝廷 遷就名謂 而迫隘於家庭 長幼亂於庠塾 朋友絶於鄕黨 踪跡鮠踠 身世踽凉 如負大何 則人賤之 窮無所歸 靡所措躬 或遯跡而自靖 離群而尙志 則謂之驕傲 或脅肩而取憐 屈膝而苟容 則謂之鄙佞 噫 非天之降才爾殊也 此特培養殊方 趨向異路耳 孟子曰 苟得其養 無物不長 苟失其養 無物不消 特不培養而作成之庸 何責乎無人於其間哉 或承嫡傳而不刊庶名 雖遠年代而永爲賤屬 實同奴婢之律 支屬繁衍 幾至半國 而旣無歸宿 又無恒產 黃馘枯項 苶然罷弊 貧窮到骨 莫能振刷 嗚呼 昔之伊尹一夫不得其所 若已推而納之溝中 今之庶孼失所顚連者 豈獨一夫而已哉 抑塞旣久 寃鬱彌亘 干和召沴 未必非此爲致之也 恭惟我殿下體天莅物 聖功巍煥 率域含生 莫不得所 各得樂其生而安其業 振淹起廢 克恢蕩平之政 刮垢掩瑕 率囿陶勻之化 宿弊闕典 靡不釐擧 而獨

於通融庶孽之法 未有著政 噫 今臣此言 非臣愚一人之私言 迺一國有識之公言 非一國今日之公言 迺列朝以來先正名臣之所眷眷者也 其立異者臣旣歷數而陳之 蓋其術識粗淺 規模隘塞 膠乎見聞 徒循流俗 其所執言者 不過嚴名分難更張而已 當今之世 主張偏私 好生厓異者 未必無此等而皆引名臣鄭蘊之一䟽 以爲口實 夫蘊之精忠大節 可與日月爭光 則臣未敢知此䟽卽何所激 而蓋其旨義 亦不過名分國制兩事而已 噫 遐方之人不知來歷 而猶能文通兩司 武歷閫帥 不問其世閥 無所拘礙 而今此庶孽 近則迺祖迺父 俱是公卿大夫 遠則名儒賢輔 爲厥祖先 比諸遐方之人來歷甚明 而禁廢之法 甚於釁累 等殺之分 嚴於僕隷 豈不寃哉 臣非以爲目今庶孽之中有某賢可用某材可拔 而但朝廷一視之恩 與天同德 大造之化 與物無間 洗濯磨礪 復叙旣斁之倫彝 作成培養 復收久遺之才賢 使立後之法無違大典 宗本之義 悉返古禮 家庭之內 正父子之名 庠塾之間 叙長幼之齒 復得爲人於三百年積廢之後 則人人咸思自新 飭厲名行 願忠圖報 爭死國家之不暇矣 今日王政之大者 無過於此大聖人壽考作人之功云云

● 출전: 『燕巖集』 권3, 「擬請疏通疏」

4. 참고문헌

이종일, 「16 · 17 世紀의 庶孼疏通論議에 대하여」, 『동국사학』 20, 1986.

이종일, 「18 · 19世紀의 庶蘖疏通運動에 대하여」, 『한국사연구』 58, 1987.

신용하, 「燕巖 朴趾源의 社會身分觀과 社會身分改革思想」, 『한국문화』 10, 1989.

최이돈, 「조선 초기 서얼의 차대와 신분」, 『역사학보』 204, 2009.

근대

농민 혁명 열망의 탄생과 종언

1. 제목

동학농민전쟁 초창기 동학 교단의 조직과 행동

2. 해제

농민전쟁 초창기 동학 교단 조직의 내부 상황을 보여주는 아래 기록은 황현(黃玹 : 1855~1910)이 지은 『梧下記聞』에 수록되어 있다. 황현은 조선왕조 말기의 유학자로서 1888년 소과에 합격하여 생원이 됐으나, 대과에는 나아가지 않았다. 향리인 전라도 구례에 서재를 마련하여 3천권의 서책을 쌓아놓고, 유학 고전 연구와 시문 창작, 역사 저술에 열중했다. 1910년 한일병합조약 체결에 반대하여 자결했다. 지은 책으로는 『梅泉野錄』, 『東匪記略』 등의 역사서와 문집 『梅泉集』 등이 있다.

『오하기문』은 출간되지 않은 필사본 초고(草稿)로서, '수필(首筆)'에서 '7필'까지 분류되어 있다. 1860년부터 1907년에 이르는 시기 조선 사회의 사회상을 묘사하고 있으며, 특히 수필에서 3필에 이르는 전반부는 동학농민전쟁에 관한 풍성한 정보를 담고 있다. 농민군을 가

리켜 '동학비적〔東匪〕'이라고 표현하는 데서 잘 드러나듯이 황현은 동학에 대해서 적대적 관점에 서 있다. 시종 비판적 입장에 서서 동학의 교단 조직과 행동 양상을 관찰했다.

3. 사료

……凡以道人自命者名其學曰道稱其徒曰布☒其所聚曰接其魁曰大接主次曰首接主又其次曰接主其相稱曰接長其對彼稱己曰下接或萬人一接或千人一接或百或數十亦自一接大邑數十接小邑三四接紛紛穰穰如敗絮着火無處不燃傾汞注地無隙不入捧準等亦無以罔知而管東之但相問以徐布法布南接北接尋其淵源而已蓋南卽徐而北卽法也是時法布者稱法布隱居修道故不起起者惟徐布也而其衆已如此云初時亨私撰文字相授受有稱布德文學☒☒歌

弓乙歌降神呪降靈呪而統稱東經大全其文至陋不成理降神呪曰侍天主造化定永世不忘萬事知降靈呪曰至氣今至願爲大降合二十一字爲一篇綱領愚騃不識字者誦幾遍則肉顫面發紅或坐踊寸許謂之降靈而過此以往無他驗讀書解事理者千遍不降靈故非至愚無識者不願學不然則皆凶險思亂欲依假作賊者也而布德曰傳道曰倡道曰行道從學者曰受道曰入道曰奉道誹謗者謂之毁道旣入而出者謂之反道毁與反皆重罰之其接主以外又有都接接師講師講長敎長敎師敎授等目皆布德時用之省察檢察糾察周察統察統領公事長騎砲將等目皆起布時用之而又於每邑就治設接謂之大都所☒一人接主行太守事謂之執綱不論官之有無也都所又稱大義所其在道路則稱行軍義所其☒☒文

字則稱令紙其法無貴賤老少皆抗禮拜揖稱砲軍曰砲士接長童蒙曰童蒙接

長奴主皆入道則亦互稱接長如朋交故凡私奴驛人巫夫水尺諸賤人最樂附之衆既盛但稱入道竝不責誦呪數年前染東學者必遍體痒毁人謂之東學疥瘡其自稱曰道痘久而愈至是竝無一人疥痘其久染者謂之舊道新入者謂之新道平民謂之俗人俗人之毁道者必迫脅入之謂之勒道蓋欲擧世不敢議其爲賊也而相與盛稱其道以爲五萬年無極大道其入道也必祭天醴酒魚果止三豆禁不喫雞狗以狗醜肉也雞則雞龍山鄭氏將興恐傷王氣必祭龍神以佐山脈作奠乃牌佩之衆既盛不必着佩牌其從學也必納脩金二緡於接主其立法既混貴賤其入道之具又極簡便而一入其黨無所不爲掘人塚徵私債劫富民辱士族嘲罵官長

縛束吏校雷發風驅盡紓其積屈冤憤之氣故愚者入之賤者入之悖者入之富者或入恐見掠也而入竟不免惟士族忍死不入逃遁四散而平民愿謹者亦效士族故賊尤憎士人必困辱蕩覆之其刑無斬絞棍笞之等但用周牢雖稱大罪不殺死惟周牢夾之自言道人不殺人而意在嚴刑掠財若輒殺則財不可得也故雖罪惡素著衆口可殺者多錢則釋其黨犯法亦不相殺略施☒楚曰道人愛黨然黨有富戶亦周牢之故旬月之間五十州之民郭外二頃家資百金無不☒周牢於是混淪蹴踏馳驟合散似賊非賊似民非民方數千里必將自盡而止琫準等雖救死民間謂之周牢豐年倡亂亦不料潰裂如是也……

* 비고 : ☒는 판독이 어려운 글자

- **출전: 黃玹, 『梧下記聞』**(미간행 필사본), 「**首筆**」; 동학농민전쟁100주년기념사업추진위원회, 『동학농민전쟁사료총서』 1권, 서울, 史芸研究所, 1996.

4. 참고문헌

김종익 역, 『번역 오하기문』, 서울, 역사비평사, 1995.

이이화, 『민란의 시대, 조선의 마지막 100년』, 서울, 한겨레출판, 2017.
홍영기, 『황현, 경술국치에 항거한 순국지사』, 서울, 역사공간, 2018.
이이화, 「黃玹의 '梧下記聞'에 대한 내용 검토: 1894년 동학농민전쟁의 기술을 중심으로」, 『서지학보』 4, 1991.

● ● ●

1. 제목

일본군 장교가 기록한 동학농민군의 연전연패 양상

2. 해제

「東學黨征討略記」는 甲午농민군 진압에 종사한 일본군 후비(後備)보병독립 제19대대의 작전보고서다. 농민전쟁이 종결된 직후인 1895년 5월에 작성됐다. 대대장 미나미(南) 소좌가 부대의 활동상을 시간 순서에 따라 자초지종을 설명하고 있다. 후반부는 질의응답 형식으로 짜여 있다. 일본군 제19대대는 3개 중대로 구성된 전투부대로서 1894년 11월 12일부터 이듬해 2월 말까지 남부 조선 일대에서 탄압 작전에 투입됐다. 중대 단위로 나뉘어 세 갈래로 진군했는데, 제1중대(마쓰모토 대위)는 병참을 담당하고, 제2중대(모리오 대위)는 서울-공주 방면으로, 제3중대(이시구로 대위)는 서울-청주 방면으로 진군했다. 이들은 갑오개화파 정부가 지휘하는 조선 정부군과 협력하여 공동으로 전투에 나섰다.

3. 사료

……各地悉ク鎭定二月五日ヲ以テ羅州城ニ入ルヤ報告四方ヨリ蝟集シ又捕虜モ四方ヨリ送ラル依テ假裁判處ノ如キモノヲ開キ罪狀ノ調査ニ着手セリ巨魁全琫準ノ如キハ公使ニ押送スル積リナリシモ雙岩里ニ於テ捕ヘ

ラルヽ際ノ負傷重クシテ衰弱セシノミナラス羅州ニ押送スルノ日子七八日ヲ要シタル爲メ傷ハ悉ク腐敗シ精神モ亦非常ニ衰ヘ問フ所アルモ答フル能ハサルヲ以テ途中ニ死センコトヲ恐ル暫ク羅州ニ留致シタリ琫準雙岩里ニ義兄ヲ有ス連敗ノ餘リ辭シテ此ニ投シ潛匿センコトヲ求ム義兄僞リ諾シテ而シテ密ニ之ヲ官ニ告ケ其中餐ヲ喫シテ溫突室ヨリ出テントスルヲ待チ其右足ヲ打チ又其股ヲ突キ倒シテ而シテ之ヲ捕ヘシナリ其他押送セラレタル囚人中重傷者少カラサルヲ以テ假リニ病院ヲ設ケ之ヲ治療ヲ加ヘタリ彼ノ崔慶善ノ如キモ痛ク腰ヲ打タレタル爲メ起ツ能ハサリシヲ以テ同シク此病院ニ投シタリ

又長興ノ戰ニ乘シ縣監ヲ殺シタルハ女子タルノ噂アリ然ルニ其女東學ハ實ハ發狂セルモノヲ東徒等擁シテ天使トナシ利用セルモノナリ又崔童子ト云フモノアリ亦東徒ノ崇メテ神ト爲ス所ナリキ年齒十六七歲驢ニ騎シテ匪徒ヲ指揮セシ際偶々長興ニ於テ官軍ノ爲メニ其足ヲ射ラレテ起ツ能ハサリシヲ以テ亦病院ニ投シタリ又彼ノ狂女ハ左側枝隊ニ附屬シテ巡回セシ招募官伯樂中ナルモノ之ヲ捕ヘ民兵ヲシテ嚴シク究問セシメタリ曾テ朝鮮國處罰頗ル嚴重ナリト聞キシカ此女子ノ拷問ヲ見テ實ニ驚愕シタリ兩腿ノ肉ハ悉ク切リ下ケ其一方ノ如キハ全ク之ヲ取リ去テ骨ノミヲ留メ他ノ一方ハ皮ト肉ノ將サニ離レントスルカ如キ狀ヲ爲シテ懸リタルヲ見タリ其送ラレテ羅州城ニ至リシトキハ殆ント死シタル如クナリシ此伯樂中ハ雲峰ヨリ出テ來リ糧食兵舍道路等ニ付キ我軍ノ爲ニ周旋方トシテ各地ニ隨從セシモ其擧動不明ナルヲ以テ之ヲ本人ニ質セハ巡撫營ヨリ下付セラレタル完全ナル辭令書ヲ有セシヲ以テ其儘隨ハシメ置キタリ狂女ハ崔童子ト同日ヲ以テ到着ス傷部糜爛シテ惡臭鼻ヲ衝キ兩便ハ坐カラ之ヲ爲スニ

任セ被ムル處ハ僅ニ白衣一領ノミ慘憺ノ狀思ハス人ヲシテ酸鼻セシメ文明諸國ニ於テハ婦女子ノ如キハ縱令罪囚ナリト雖トモ待遇ニ於テ幾分ノ寬假アルヲ以テ羅州ニ着シタル後ハ之ヲ病院ニ入レ治療ス種々審問ノ末其精神ハ全ク錯亂シタルモノナルコトヲ確知セリ崔童子ハ又醫師ノ說ニ依テ其足ヲ切斷セサレハ到底治療ノ望ナシト云フニアリシヲ以テ足頸ヨリ切斷セシニ精神錯亂シテ感覺ノ鈍カリシ爲メカ意外ニモ此ノ大傷ハ全癒シタリ

然ルニ斯ノ如ク負傷者ヲ治療シタルヲ以テ我軍ノ趣意ヲ誤解スルモノ現ハレ就中全州ノ監使ノ如キハ書ヲ送リ乞フテ曰ク貴軍ノ待遇ヲ觀ルニ全琫準ハ其生ヲ奪ハサルニ在ルモノヽ如シ彼カ如キ大罪人ニシテ死セサルヲ得ハ天下ノ大患ナリ乞フ速カニ之ヲ京城ニ押送セヨト小官ハ之ニ答ヘテ曰ク琫準押送ノ事ハ既ニ我公使ノ命令アリ又貴國政府ノ依賴アリ固ヨリ他ノ容喙ヲ待タス然レトモ今彼ノ傷重クシテ身體ノ衰弱亦甚シ然ルニ直ニ之ヲ押送センカ途中ニ死スルノ恐ナキニ非ス故ニ暫ク治療ヲ加フルノミ其生殺ノ如キハ固ヨリ小官ノ知ル處ニ非スト

長興康津附近ノ戰以後ハ多ク匪徒ヲ殺スノ方針ヲ取レリ蓋シ是レ小官ノ考案ノミナラス他日再起ノ虞ヲ除ク爲メニハ多少殺伐ノ笑ヲ取ルヘシトハ公使竝ニ指揮官ノ命令ナリシナリ且ツ全琫準ノ猶ホ辭セサリシ際ハ東學黨中多少ノ良民義士ヲ見シト雖トモ琫準一タヒ去ルヤ此等ノ徒ハ亦悉ク散シ歸リシヲ以テ殘徒ハ總テ皆殘虐獰猛ノ無賴漢ノミトナリシ故亦多ク殺スノ策ヲ必要ト爲スニ至レリ長興邊ニテハ人民ヲ脅迫シテ悉ク東徒ニ與ミセシメ其數實ニ數百ニ上レリ依テ眞ノ東學黨ハ捕フルニ隨テ之ヲ殺シタリ

康津兵使ハ其擧動少シク怪シキヲ以テ之ヲ羅州城ニ招喚シテ糾問シタルニ其精神全ク錯亂シタル爲メニテ其管內ヲ鎭撫セサリシハ他ノ故アルニ非ラサリシ事明白トナリシヲ以テ四五日滯在セシメタル上放免シタリ

羅州城ニ入リテ滯在中密ニ城兵ノ東徒ニ對スル待遇ヲ探リシニ捕フルニ從テ之ヲ殺シ毫モ罪狀ノ輕重ニ依リ假借ルコトナシ依テ其故ヲ質シタルニ羅州城ノ陷ラサリシモノハ全ク民兵ノ死守スルニ依ル卽チ招討使カ此ヲ守リテ維持シタル功績ハ實ニ民兵ノ義勇心ニ基キタルモノナルヲ以テ招討使ハ情誼上嚴格ニ民兵ノ所置ヲ監督スル能ハス民兵ハ東徒ノ爲ニ再度ノ重圍ニ陷リ激烈ナル攻擊ヲ受ケシヲ以テ餘憤禁シ難ク遂ニ此殘酷ナル復讎ヲ惹起セシナリ依リテ更ニ命ヲ下シ罪狀ノ調査セスシテ漫リニ捕虜ヲ殺スコトヲ禁セリ羅州城外ハ殊ニ多クノ死屍ヲ見タルモノハ亦此故ナリシナラン

咸平並ニ寶城ノ縣令ハ東學黨ニシテ官軍到着スルモ爲メニ少シモ勞ヲ取ルコトナク縛セラレ脅迫セラレテ始メテ自ラ出テ、兵ヲ引キ來ルカ如キ輩ナルヲ以テ其部下ハ勿論悉ク東學黨トナリシナリ此二縣令ハ捕ヘテ政府ニ引渡シタリ咸平ノ縣令ハ最初ヨリ匪徒ニ與ミシ人民悉ク東學黨トナリシ爲メ暴掠ハ免レサリシモ家屋ハ一戶モ燒カレサリシ

統衛兵ノ隊長ハ前日ニ述ヘタル如ク軍中毫モ用ヲ爲サス右翼ノ敵ヲ制セン爲メ務安ヨリ海南ニ向フヘキ命令ヲ下シタレトモ出立ノ期日報告シナカラ其期日ニ後ル、三日ニシテ漸ク出立シ其海南ニ着シタルハ長興康津ノ戰旣ニ終リタルノ後ナリキ且ツ海南ニ趣キシ後ハ一モ報告ヲ送ラス此間ニ何等ノ擧動ヲ爲セシヤ更ニ分明ナラス其不都合斯ノ如クナルヲ以テ羅州城ニ諸隊集合ノ命令ヲ下シタル際ハ此隊ノミ羅州ノ附近ナル靈岩ニ屯シ

命ヲ待タシムルコトヽセリ而シテ密ニ彼ノ擧動ヲ探レハ彼ハ海南縣ニ於テ縣令民家ヲ脅迫シ金錢ヲ强奪セリ卽チ縣令ヨリ五百兩奪ヘシト云フ其口實ハ何ナリシヤ知ル能ハスト雖トモ思フニ其位置職權ヲ漫用シテ僞計ヲ逞クシタルモノナラン淸州ノ兵使ヨリ彼ニ送リタル書面ノ如キモ亦彼カ手段ノ一班ヲ窺フニ足ラン其書狀ハ卽チ同縣令姪某アリ願クハ之ニ相當ノ地位ヲ周旋セヨト云フニアリキ而シテ彼カ金錢ヲ刦奪セシハ單ニ海南ノミニ非ラサリシカ如シ……

- 출전: 일본군 후비보병 독립제19대대, 「東學黨 征討略記」, 1895.5; 『주한일본공사관기록』 6권, 서울, 국사편찬위원회, 1991.

4. 참고문헌

정창렬, 「갑오농민전쟁연구, 전봉준의 사상과 행동을 중심으로」, 연세대 박사학위논문, 1991.

신용하, 「갑오농민전쟁의 제2차 농민전쟁」, 『한국문화』 14, 1993.

박맹수, 「동학농민전쟁과 공주전투」, 『백제문화』 23, 1994,

신영우, 「북접 농민군의 공주 우금치, 연산, 원평, 태인 전투」, 『한국사연구』 154, 2011.

1896년 아관파천 이후 조선정부의 대내외 정책 변화

1. 제목

조선정부 내부 상황에 대한 서울 주재 일본공사의 정보 보고서

2. 해제

아관파천이란 1896년 2월 11일에 발발한 조선 정부의 정변을 가리킨다. 갑오개화파 김홍집 정부가 전복되고 새로이 이범진(1852~1911)이 주도하는 국왕 친위정부가 수립됐다. 정변은 국왕 고종의 거처를 경복궁으로부터 러시아공사관으로 이거(移居)하는 방식으로 이뤄졌다. 이를 계기로 전 정권의 요직에 있던 고위 관료들이 해임됐고, 그들에 대한 체포령이 하달됐다. 총리대신 김홍집(1842~1896)을 비롯하여 어윤중(1848~1896), 정병하(1849~1896)가 피살됐고, 유길준(1856~1915)을 비롯한 개화파 관료들이 잠적하거나 해외로 망명했다.

이 사료는 조선 주재 일본공사 고무라 주타로(小村壽太郎, 1855~1911)가 정변 발발 6일 뒤인 1896년 2월 17일자로 작성하여, 본국 정부에 상신한 정보 보고서다. 아관파천을 '사변(事變)'이라고 부르고 있는 이 문서는 조선 정부 내부의 급변하는 소용돌이를 긴박감 있게 전하고 있다. 국왕 고종을 비롯하여 궁중 인물, 고위 관료들의 동향을 살필 수 있다.

3. 사료

本月十一日事變後ノ顚末ハ概略電報及ヒ機密信第十一號ヲ以テ具報致置候得共尙又此ニ詳細及報申候

國王世子ハ魯館ニ潛幸後今ニ同館ニ續駐セラレ當今還御ノ模樣無之ノミナラス王太妃世子嬪モ十三日魯館側ナル明禮宮ニ移御セラレ宮嬪嚴吳二人モ同館內ニ迎ヘラレタリ(一說ニ國王世子モ不日明禮宮ニ移御セラルヘシト云フ目下同宮ハ修理中ナリ)又內閣ヲ同館內ニ移設シ各部事務所ヲ其附近ニ假設スル等一切ノ機關ヲ備ヘ先ツ當分舊位置ニ復スル樣子相見不申候尤モ大臣協辦等モ魯館內ニアリテ此際反對黨ノ刺客ニ襲ハレンコトヲ恐レ更ニ他出スル氣色無之候

一. 此回ノ事變ハ魯館ノ後楯ニ據リ貞洞派卽李範晉等ノ隱謀ニ出テタルハ事實明僚ニ有之候抑範晉等ハ最初春川暴徒ヲ誘起シ暗ニ之レト氣脈ヲ通シ大ニ爲ス所アラントスル景況相顯ハレ候間本官ハ當國政府ニ向ツテ可成暴徒ノ熾盛ナラサルニ先チ速ニ之ヲ鎭定スル事ノ得策ナルヘキヲ說キ政府モ亦タ是ト同樣ノ意見ニテ卽三個中隊ヲ差向ケ剿討ニ從事セシメタルノ結果去ル八日ニ於テ出征隊ハ二路春川ヲ進擊シテ暴徒ノ大部隊ヲ擊破シ全ク該所ヲ占領セシカハ範晉等此方面ノ計劃ハ此ニ阻喪スルニ至レリ去レハ又範晉等ハ魯兵ヲ仁川ヨリ呼入レ是ヲ後楯トシテ王城內守備兵ノ寡少ナルニ乘シテ國王誘出策ヲ講シタルモノト推測セラル其第一策トシ

テ豫テ露館ニ物ヲ贈リ歡心ヲ買ヒ置ケル宮女嚴氏(國王ノ愛嬪)ノ手ヲ經テ閣員日兵ト共謀シ陰ニ不軌ヲ圖リ方ニ闕ニ入リ國王ヲ廢セントス時機切迫甚タ危嶮ナリ速ニ露館ニ播遷アツテ禍害ヲ免カレ賜フニ如カス云々トノ書柬ヲ王覽ニ供シ又嚴氏ヲ動カスニ若シ奸臣等國王ヲ廢スルノ日ハ嚴嬪ノ身上亦タ甚タ危カラサルヲ得ス宜シク速ニ國王世子ヲ安全ノ地ニ置クニ如カスト於是嚴氏ハ事ノ由ヲ女官金氏ニ告ケ相共ニ周旋シテ女轎ヲ備ヘ國王世子ヲ誘フテ拂曉宮內官吏ノ隙ヲ窺ヒ宮門ヲ出テ露館ニ潜幸スルニ至レリ此際何故門衛ノ親衛兵ハ之ヲ誰何セサリシヤト申スニ先是(十一月二十八日事變以後)國王大院君ノ故障アリテ宮女ニ限リ乘轎ノ儘無檢査通行ヲ許ストノ事ニ決シ已ニ數月前門衛兵ニ其命令ヲ下シ實行中ナリシヲ以テ毫モ怪ム所ナク通常女官ノ乘リタルモノトシテ看過致タルノ結果此回ノ出來事ニ至リ候モノニ有之候李範晉等ハ第一策トシテ此ノ穩和手段ヲ執リ若シ此策ニシテ效ヲ奏セサルトキハ更ニ又第二策卽兵力ニ訴ヘテ其目的ヲ貫クヘシト豫備セシモノノ如シ何トナレハ彼等ハ事變前ニ當ツテ忠淸黃海京畿ノ褓負商ニ密旨ヲ下シ十一日ヲ期シ京城ニ齊會シ王宮ヲ護衛スヘシト爲之當日早朝ヨリ褓負商ノ宮門前ニ參集スルモ數千人ニ及ヒタル事工兵隊(舊式兵)ノ一部ヲ召集シタルノ事實アリテ卽チ事變當日工兵隊ハ巡檢ニ應援シテ各處ヲ警戒シタル事忠淸道驪州居住ノ閔族ヲ教唆シ(沈相薰モ暴徒巨魁ノ一人ナリト聞ク)暴徒ヲ挑起シ我電信監視隊ヲ襲ハシメ同州南北ニ於ケル拾餘里間ノ電線ヲ切斷セシメタル事(露館ノ指嗾ニ據リ電線ヲ斷テリト李範晉ハ申居リトノ事)又タ黃海道平安道ニ於ケル無賴ノ徒ヲ驅リ十一日ヲ期シ各處ヲ暴發セシメントシタル形跡アル事以上ノ事實ニ據ツテ觀察致シ候トキハ國王世子誘出ノ第一策ニシテ行ハレサルト

キハ必境第二策ニ出テ卽チ王城守備手薄ナルニ乘シ無賴ノ徒ヲ驅ツテ王宮ヲ襲フニ當リ露兵ハ一面我守備隊ヲ牽制シテ動カサラシメ一面ニハ陰然之ヲ援助シ以テ容易ニ其目的ヲ達セシムルノ手段ナリシモノト推測被致候一．大院君李載冕父子ハ事變ノ當日最後迄王宮ニ留マリタルモ施スニ策ナキヲ見テ大院君ハ本邸ニ還リ李載冕ハ國王ニ謁セントシテ露館ニ赴キタルモ門衛ノ爲メ拒絶セシタル儘歸宅致タル由ニ有之候然ルニ其後去ル十四日ニ至リ警務廳ヨリ巡檢ヲ送リ昨年一時施行シタル處ノ尊奉儀節ナル者ヲ復活シ同宮ヲ封鎖シ今ヤ大院君ハ殆ント幽閉ニ均シキ有樣ニ有之同君ハ痛ク憤慨致居レリト申ス事ニ候

右及報申候 敬具

- 출전: 小村 辨理公使,「機密第一二號 親露派 李範晉 등의 隱謀에 대한 報告」, 明治二十九(1896)年二月十七日,『駐韓日本公使館記錄』9권, 서울, 국사편찬위원회, 1993.

4. 참고문헌

배항섭,「아관파천 시기(1896~1898) 조선인의 러시아 인식」,『한국사학보』 33, 2008.

김종헌,「러시아 외교관 베베르와 아관파천」,『역사비평』 86, 2009.

김영수,「아관파천, 1896: 서울, 도쿄, 모스크바」,『사림』 35, 2010.

장경호,「아관파천 전후(1896~1898) 정치권력 변화와 김홍륙 독차사건 재검토」,『한국근현대사연구』 81, 2017.

• • •

1. 제목

러시아 황제 니콜라이 2세 대관식에 참석한
조선정부 대표 민영환

2. 해제

1896년 5월 26일부터 6월 2일까지 민영환(1861~1905)이 겪은 여행 일정을 담은 기록 「海天秋帆」의 일부이다. 민영환은 러시아 차르 니콜라이 2세 대관식에 참석하기 위해서 조선 정부가 파견한 특명전권공사였다. 아관파천 이후 국왕 친위정부가 러시아와의 외교관계를 강화하는 것에 큰 관심을 보이고 있었음을 잘 보여준다. 그해 4월 1일 제물포항을 출발한 사절단 일행은 10월 21일 서울로 귀환하기까지 약 6개월간 북미대륙, 유럽, 러시아를 여행했다. 사절단은 윤치호(1865~1945), 김득련(1852~1930), 김도일, 손희영, 러시아인 스테인 등으로 이뤄졌다. 이들 중 일부는 여행기를 남겼다. 민영환의 「해천추범」을 비롯하여, 김득련의 「環璆日記」와 「赴俄記程」, 윤치호의 「윤치호 일기」 등이 그것이다. 이 사료는 니콜라이 2세의 대관식이 있던 날로부터 일주일간의 일정을 묘사한 장면이다. 크렘린 우스펜스키 사원에서 열린 대관식 풍경을 상세히 그리고 있다.

3. 사료

……〔1896년 5월〕 二十六日陰十四日, 俄十四日 晴, 卯正一行着大禮服, 同빠스끕불난손, 往土耳其公館, 會同各公使, 入귀령님宮, 俄法戴冠禮行於禮拜堂, 而不免冠, 不許入其堂, 我國及淸國 · 土耳其 · 波斯各使, 皆以不免冠不入, 仍留堂外樓上觀光, 禮拜堂在宮內不遠地, 辰正皇帝皇后步出, 作錦幕四面撑奉, 隨步遮陽, 侍衛隊及步軍排立, 侍從儀仗禮官執金杖先行前導 如前日動駕式, 皆步從馬車, 宮外護衛, 皇帝 · 皇后入堂, 良久鍾鳴不絶, 此戴冠後受希臘教主祈祝云, 教主二人着金冠金衣 一持水盂, 一持短箒, 遍灑御路, 此稱聖水洗塵也, 午正皇后戴冠先還冠, 是金剛鑽結成, 似我邦花冠樣 背施黃色繡裙外黃錦繡金內白銀鼠皮 長數三丈, 近侍奉而行, 少頃皇帝戴冠而出, 冠而金剛鑽, 似我邦金冠樣 身加黃袍上同, 近侍亦奉而行, 皇帝左手捧地球, 廣闢疆土之意 右手執金杖, 以示皇威之意 步行歷臨近傍禮拜堂四五處而還宮, 兩冠袍球裙杖皆世傳自宮內府設大幕, 依如樓閣 開宴, 各國使一行及參班諸官, 男女共卓, 酒饌豐潔, 未正回館, 戌正乘馬車周歷街上, 坊坊曲曲, 戶戶家家, 墻壁門楣, 以鐵絲聯貫五色玻璃燈, 結成千形萬象, 路兩傍立架以五色玻璃燈, 團結車輪大, 而油燭電煤一時幷燃, 上下四方, 通明如晝, 環覽귀령님宮垣, 其內禮拜堂及諸處聳高塔, 以五色玻璃, 隨層罩結, 以電氣發火, 玲瓏璀璨, 眩人眼目, 又築成層壁, 以鐵管引水作大瀑, 亦壯觀, 古人以廣陵觀燈, 盛稱其鰲山火樹, 而如此奇巧, 眞是料想不到者也。

二十七日陰十五日, 俄十五日 晴, 此都四無山嶺, 亦無大江, 周可七八十里, 居民百餘萬, 風俗頗有樸古, 禽鳥稀少, 而鳩鴿甚多, 家家群集, 未初乘馬車向南行數十里, 登高原設幕宏敞, 床椅精緻, 盆花芬馥, 設此以待

皇帝登臨 向北以鏡遠望, 全都列在眼前, 亦一勝景也, 淸國大使李鴻章因恙, 使其子經芳替來, 因出他未晤, 各處點燈如昨。

二十八日陰十六日, 俄十六日 晴, 有宮內府請帖, 今午初行戴冠禮後陳賀也, 一行着大禮服, 屆時入귀령님宮, 各國使齊會, 禮官接次引入, 皇帝·皇后同爲起立, 餘三鞠躬進前, 誦慶禮順成不勝欣忭之忱, 尹致昊以英語繙傳, 皇帝答感荷荷, 此慶同好之意, 歸稟, 大君主陛下, 余答謹依教, 皇后前亦三鞠躬, 隨員參書官進退皆三鞠躬, 仍出各使位次如左。土耳其·佛蘭西·墺地利·德意志·義大利·英吉利·西班牙·淸·朝鮮·日本·葡萄牙·白耳義·瑞典·丁抹·雪比牙·波斯·希臘·美理堅·富羅質·墨西哥, 此外有數十小國及各酋長, 而未能盡記, 未初英公使오꼰열來拜, 曾前駐箚我邦 因宮內府請帖, 亥初一行着小禮服, 赴皇宮接客會, 宗戚文武諸官男女幷集, 各國使盡入, 不知爲幾千人, 皇帝皇后步出, 貴族男女雙雙隨行, 男携皇后手, 女携皇帝手, 往來軒閣中, 屢回換携, 此是極敬極榮之事云, 子正回館, 宮垣街衢點燈如昨。

二十九日陰十七日, 俄十七日 晴, 未正往博物院, 雖未極備, 藏書三萬卷, 任人來看不許轉借 掛古來名人像千百本, 塑立各國人像五六百, 奇形怪貌, 不可殫記, 各國衣服器具略陳焉, 申正, 日本大使山縣有朋來拜, 因出他未晤, 戌初有宮內府玩戲請帖, 餘則不赴, 隨員兩參書官着小禮服進宮, 伴接官빠스끕外部官불난손引導入坐, 圖屋高七層,每層周可五六百間, 每間坐八人, 會者不下萬人, 皇帝·皇后出御, 前面設戲臺, 演古事未能詳其事, 或有婚嫁形, 或有戰爭像, 果逼眞境, 一無破綻處, 眞奇觀云。

三十日陰十八日, 俄十八日 晴, 未初因宮內府請帖, 赴萬民宴, 距闕北十餘里, 有曠野新建層樓, 皇帝·皇后臨御, 左右翼閣, 設椅坐數十層, 可容

萬人, 滿野男女會集者, 不知幾萬人, 每人戴冠禮儀節一冊·餠一塊·肉一塊, 盛於磁器, 裹以畵褓, 盡爲領給, 放砲奏樂, 四處演戲, 遠莫詳視 官民齊呼우라, 歡喜踴躍, 此可謂君民共樂也。

三十一日陰十九日, 俄十九日 晴, 未正度支大臣믓제來拜, 言距此都一千二百里地, 十餘日後, 設俄國所産各物博覽會, 請往觀之, 謝以慶禮後, 卽往彼得都, 無暇往赴, 申正, 同불난손, 往觀畵繪博物館, 鳩聚各國名畵數萬本, 粧飭掛壁, 皆是油畵逼眞, 如見其活動, 令人叫奇, 入夜雨。

六月一日陰二十日, 俄二十日 晴, 未正, 往訪黑龍江總督누흡괴이, 談及我國流民召還之事, 其言流民, 多雜類, 善措處爲好云云, 師德仁家在彼得都, 老母在堂, 三年離闈, 四日前得暇往觀, 今午還, 喜道親安家穩, 我行已三朔, 尙未承親候, 情私慕菀, 今見師德仁之往來, 尤不勝欽羡, 各修家書付郵便, 五十日可抵京云。

二日陰二十一日, 俄二十一日 晴, 皇帝有弟名네올기年二十五, 幾朔前有身病, 調治養間於法國南界, 未參慶會, 而現臻漸差云, 日前萬民宴賜物, 頒給時, 人多雜遝相踐, 致傷者一千二百餘人, 皇帝聞之, 卽發內帑銀每人給一千元, 其體恤之政, 民咸頌戴, 未正往觀馳馬場, 此競馬會社, 設此爲試藝施賞也, 廣院列立, 結草短籬, 五處盤馬跳越, 善過八次爲上等, 鮮有無欠者, 又馬車一隊, 入場試技, 恰如我國馬上才, 其輕儇巧倢過之, 戌正赴貴族院舞會, 皇帝·皇后駕臨, 會者數千人男女携手, 兩兩跳舞於御座前, 人多熏熱, 暫卽回館。……

- 출전: 민영환, 「海天秋帆」, 『민충정공유고』(한국사료총서 제7집), 서울, 국사편찬위원회, 1971.

4. 참고문헌

조재곤 편역, 『해천추범, 1896년 민영환의 세계일주』, 서울, 책과함께, 2007.

고병익, 「露皇대관식에의 使行과 韓露교섭」, 『역사학보』 28, 1965.

김진영, 「조선왕조 사절단의 1896년 러시아 여행과 옥시덴탈리즘」, 『동방학지』 131, 2005.

3.1운동을 대하는 조선인의 두 가지 태도: 격정과 방관

1. 제목

도쿄 유학생의 고민과 결단

2. 해제

3.1운동 참가자들의 내면세계를 이해하는 것은 중요한 연구과제 가운데 하나다. 어떠한 내면의 동기로 인해 희생을 무릅쓰고 공공선의 증진을 위해서 행동에 나서는가를 밝히는 문제다. 하지만 쉽지 않은 일이다. 왜냐하면 연구자들이 이용할 수 있는 자료들이 주로 일제 관헌측 심문과 재판기록이거나, 신문 등과 같은 매체 자료이기 때문이다. 이러한 연구 장벽을 타개할 수 있는 자료가 곧 일기나 편지 등과 같은 사적 기록이다.

메이지(明治)대학 법과에 재학 중인 도쿄 유학생 양주흡(梁周洽 : 1898~?)은 3.1운동에 참가한 혐의로 1919년 4월 14일 체포됐다. 체포 당시에 그의 일기도 함께 압수됐다. 일기는 그해 1월 1일부터 4월 13일까지 작성된 것인데, 「양주흡에 관한 수사보고」라는 이름으로 형사 사건 기록에 첨부되어 있다. '역문(譯文)'이라는 표현이 기재되어 있음을 볼 때 원래는 조선어로 작성됐던 것으로 보인다. 이 일기에는 3.1운동에 참가한 사람들의 내면적 고민과 갈등, 그를 딛고 혁명에 헌신하기로 결단하는 과정이 잘 묘사되어 있다.

3. 사료

〔1919년〕 **1月7日**

一, 今日午後1時ニ昨日ノ獨立革命會ヲ我青年會ニ於テ開キ全部7・8百名中4百名位會集シタル中ニ女學生2名總代トシテ來タリ. 會內容ハ委員幾人ヲ選擧シテ日本政府當局者ニ質問スルト同時ニ各國大使館及公使館ニ往キ示威運動ヲスベク其他秘密運動. 閉會スル頃ニ祈禱スル時滿場一致シテ涙ヲ流シテ絶叫スル時刻巡查(刑事巡查ノ事)及巡查等之ヲ知リタリ. 平和, 人道, 自由, 平等ヲ知ラサルモ感嘆セサルヘカラサル事ナリ. 總代トシテ20名位警視廳ニ往キタルモ內容ハ未タ知ル能ハス. 時ニ梅花ハ節ヲ守リテ花咲キタリ, 萬物ハ化シテ將ニ生エントシ, 悲慘タル民族ハ此機會ヲ乘ジテ活動シ居ルノニ, 唯獨リ我國自由生活ニナル時期ガ來ナイモノニアラズ. 國ヲ開クベキ精神ヲ出シテ一手ニハ釰ヲ持チ一手ニハ銃ヲ持チ前進シテ我國民族及疆土ヲ救濟スルト同時ニ, 我東洋平和ヲ維持シ世界永久的平和ヲ保持スル時期ガ卽チ此ノ時期ナリ. 嗚呼我父母ハ寒心歌ヲ歌ヒ我兄弟ハ血涙ヲ溢シ, 到ル處ニ壓制及毆打ナリ. 虫モ踏メバ動クシ蜂モサワレバ刺シテ死ヌモノナルニ, 況テ我檀君子孫ニシテ4千餘年歷史ヲ持テ居ル我等ガ活動ヲセサルベキモノナルヤ. 此民族ヲ救濟スヘキモノハ我東京留學生ナルニ付, 我ハ山ガ動イデモ我ハ動カス, 海水ガ臨身シテモ我ハ避ケス，總テ我身ヲ刺シテモ少シモ恐レサル心卽チ犧牲的心ヲ以テ國ヲ救テ見ヨ． 閑山島ニテ倭賊ヲ打破リ淸川江ニテ隋兵ノ萬兵ヲ打殺シタル李舜臣・乙支文德ノ勇進法ノ通リ，我等モ其ノ通リ怨讐等ヲ打破リ獨立宴會ニテ我等ガ獨立盃ヲ交換シ勝戰鼓及獨立凱旋ヲ唱ヘル積リニ付此講和談判會前ニ滿洲廣大ナル地方ニ戰鬪シ我國ヲ回復シテ將ニ怨讐タル日本民族ヲ全滅シ，土地ハ我國ノ植民地トスル覺悟．建國的英雄人ヨ……

1月8日

一，今日午後1時ニ前記ノ會ヲ繼續シテ昨夜警視廳ニ往キタル事實ヲ報告シテ卽時閉會セリ． 報告ハ獨立熱ハ大變贊成ナルモ朝鮮・日本民族ハ同民族ナル故同居スヘキ民族ナリト云フニ付，鄙劣ナル事ハ言ヲ俟サル處ナリ．來ル集合ノ日ハ無期トセリ．

一，我靑年活動時代ニ至リ2千萬度死ンデモ進ンデ往ク時之ノ時ナリ．

1月9日

一，新韓新報ヲ見ルニ安昌浩米洲ニテ活動シ，米國スチブソンガ朝鮮ハ獨立スル資格ナシト云フニ張仁煥氏暗殺シ終身懲役ニ處セラレタルモ，釋放セラレ本國ニ歸ラス加洲ニ居住スル……

一，董世顯氏ニ金40錢ヲ困難シ居ルニ付與ヘタリ．

一，高炳南，金裕範，金在禧諸氏，金裕寅ノ下宿ニテ飮酒セリ．

一，金裕寅，高炳南，閔泳吉，董世顯ヲ訪問．

一，董世顯ニ依託シテ淸國人民籍謄本1件ヲ求メタルモ得ル事能ハス．來年春3月ニ卒業ヲシテモ別ニ事ナシニ付， 此度獨立ニナラサレバ米國ニ往キ政治科ヲ卒業スル事ニ決心セリ．

一, 南神保町火事ニ往ッテ祝ヒタリ.

一, 時勢ハ急ニシテ年齡ハ增加シ別ニ事業ヲ成就シタル事アラサルハ嘆クベキモノナリ.

1月11日

一, 時勢ハ急ニシテ來ルシ, 又ハ朝鮮ガ若シ獨立ニナリデモ內部的組識ガ完全ニ實現セサレバ是亦他人ニ羞恥ナル故十分ニ計ルベキ事ナリ. 此ノ明治大學法科ヲ卒業シデ效力モアラサルモノナルヲ以テ米洲ニ往キ政治科ヲ卒業スル事ニ決心シテ今日父母ニ對シ欺瞞的ニテ人參商業ヲ爲ス積リニ付金600圓ヲ請求シタルモ金錢ナイ模樣……

一, 董世顯ヲ訪問シ本事實ニ付話ヲシタリ.

1月12日

一, 前記ノ雄辯會ヲ日本人等ガ秘密事件ト云ハサルヤト思ヒ, 此ノ獨立運動ニ妨害ナル點アル故開會ヲセサル事トセリ.

一, ア-我民族ヨ! 男子20年ニ國ヲ平ニセサレバ男子ト云ハルゝ能ハストノ事アリ. 我年22ニテ國事ノ一事モ成就シタル事ナシ. 之レ如何ニシテ宜キモノナルヤ. 來タ, 來タ. 活動時代ガ來タ. 建國的英雄, 建國歷史ニ半分以上占スヘキモノハ我ニアラサルヤ.

一, 歸國ノ旅費120圓ヲ請求セリ.

1月13日

一, 一昨日ヨリ學校ニ往カサル事トセリ.

一, 此處ニ於テハ如何ニシデモ活動スヘキ方面ナシ. 幾度考ヘデモ歸國シテ北間島カ滿洲野原ノ外他ニ活動スル處ナキヲ以テ,　本宅ニ電報ヲ打チ金120圓ヲ請求セリ.

一, 閔泳吉, 姜錫璘, 高炳南, 董世顯, 姜昌懋, 金裕範, 朱炳胤氏等ト遊ンタリ.

一, 粉身碎骨ニナリデモ國家ノ事ニ對シテハ獻身的治動スルノガ是レ卽チ國民タル我任務ナリ

… (중략) …

1月30日

一, 今日本宅ヨリ金80圓來タリ.

一, 金炳昊氏ト同伴シ淺草區活動寫眞館ニ往キ見物後酒1合宛飮ンタリ.

一, マント其他附屬品等17圓ニテ買フタリ.

一, 今夜董君ノ卒業ヲ祝賀スル爲メ會費トシテ各50錢宛ツゝ出シタリ.

一, 朴瓚根來タリ.

一, 明日午後4時ニ歸國スル事ニ決定セリ.

1月31日

一, 今日歸國ノ準備ヲ爲セリ.

一, 金裕寅氏ハ「カント」ノ理想的國家ト云フ本ヲ1圓60錢ニテ買フト云フニヨリ金ヲ與ヘタリ.

一, 午後4時本宅ヲ出發スルニ付董君ガ東京迄見送セリ.

1月中ノ感想

一,　此ノ時局ハ從來軍閥專制政治ノ如キヲ「テモクラ」式主義ノ如クスル外, 君主政治ノ如クスルト同時ニ民本主義ニ化スル. 此ノ自由, 平等,

人道主義ニテ進ンテ往ク時ニ，英國覇絆ヲ免カレ只今獨立ヲ唱ヘル愛蘭モ如斯デアルノニ，我民族モ此ノ日本政府ノ束縛ヲ免カレテ自由獨立ヲスル爲メ去ル7日ニ我青年會館ニ集合シテ決定シタルモ，此ノ決定シタル事幼稚ナルヲ以テ早速歸國シテ愛蘭ノ如クニ獨立宣言スル覺悟ナルモ，本27日マデ本宅ヨリ旅費ヲ送ラサル爲メ心ガ鬱陶シクテ1日ガ1年ノ如シ．

1月中之重要ナル出來事：7日　我青年會館ニ集合シテ示威運動シタル結果ハ7日記事ノ如シ．某日　或日新聞ヲ見ルニ米國ニ居ル我同胞獨立決議ヲ爲シタル由．11日　今日ヨリ案前(机ノ事)ニ對スル時期ニアラサルヲ以テ通學セサル事トセリ．22日　我李太王殿下突然崩御セラル．我大韓最後ノ王崩御セラレタル爲メ京城人民痛哭ノ聲ハ驚天動地スル由．

- 출전: 「日記帳譯文(證第1號)」, 『한민족독립운동사자료집』 13권(3.1운동 III), 서울, 국사편찬위원회, 1990.

4. 참고문헌

권보드래, 『3월 1일의 밤』, 서울, 돌베개, 2019.

박종린, 「1910년대 재일유학생의 사회주의사상 수용과 "김철수그룹"」, 『사림』 30, 2008.

최우석, 「재일유학생의 국내 3.1운동 참여 –'양주흡 일기'를 중심으로」, 『역사문제연구』 31, 2014.

윤소영, 「일제의 요시찰 감시망 속의 재일한인유학생의 2.8독립운동」, 『한국민족운동사연구』 97, 2018.

● ● ●

1. 제목

3.1운동 방관자의 생각과 행동

2. 해제

윤치호(1865~1945)는 대한제국 시기에 독립협회 운동과 애국계몽운동의 주도자 가운데 한 사람이었다. 하지만 일제 식민지 시대에 접어들면서부터 그의 행보는 변동을 겪었다. 3.1운동 당시 총독부 기관지 『京城日報』 인터뷰를 통해서 독립운동 무용론을 개진했고, 일제 말기에는 기독교계의 친일화 움직임을 이끌었다. 급기야 일본 통치기구의 중추라 할 수 있는 귀족원의 천황 지명 의원으로 선임되기에 이르렀다.

그가 평생에 걸쳐서 집필한 일기 자료가 남아 있다. 윤치호가 17세 되던 1883년부터 1944년에 이르기까지 약 60여 년에 걸쳐 꾸준히 작성한 이 자료는 당대의 문제적 인물이 가진 내면세계를 보여줄 뿐 아니라 그가 교유했던 많은 사람들에 대한 내밀한 정보를 제공해 준다. 이 사료는 3.1운동이 발발한 첫 며칠간 윤치호가 겪은 사실과 내면에 관한 기록이다. 윤치호의 글은 조선독립 불가능론에 근거하여 3.1운동을 방관하던 사람들의 입장을 대표하는 것으로 판단된다.

3. 사료

1st MARCH, 1919. Saturday. Beautiful.

Y.M.C.A. as usual. About 10 a.m. Mr. 陸 told me that 朴熙道 had sent for his books; that something was going to happen today; and that as 朴's manner had been quite unusual, he must be at something. Mr. 山縣悌三郎 took lunch with me. A little after 1 p.m. detectives came to the Building and searched every room and drawer for some documents. About 1:30 great shouting of a multitude was heard from the street. Looking out through the windows we saw the streetful of students and others running toward the Bell Square shouting "Mansei". The boys waved caps and handkerchieves. The pitiful sight of these simple youths running voluntarily into certain dangers in the name of patriotism brought tears to my eyes. We decided to close the Building altogether to avoid any complications. The streets soon filled with soldiers, mounted police, detectives and gendarmes busy arresting ring leaders in the crowd. Great excitement everywhere. The 獨立宣言書 signed by 33 men seem to be very poorly written. 孫秉熙 needs the hit. 3 Southern Methodists, four Northern Methodists, one Buddist.

2nd MARCH, 1919. Sunday. Beautiful.

發信 : 屯浦公立學校長.

Worshipped in the 宗橋 Church as usual. Rev. Gerdin preached, the streets full of country people in white. In the afternoon 方漢昇 a reporter of the 大阪每日新聞 called on me. In order to define my standing clearly I had to repeat to him what I have been telling every young Korean of late, viz.: 1. The question of Korean indedendence will have no occasion to appear in the Peace Conference. 2. There is no power in Europe or America which will be so foolish as to offend Japan by espousing the cause of Korea. 3. If independence were given us, we are not ready to be profited thereby. Japan gave us independence in 1894. What did we do with it. 4. When a weak race has to live with a strong one the former must win the good will of the latter as a matter of self-preservation. 5. This foolish agitation of the students are only prolonging the military administration of Korea. If shouting Manseis through the streets will win a national independence there can be no subject nation or race in the world! 6. Don't be deceived by schemers like the 天道敎 people.

3rd MARCH, 1919. Monday. Beautiful.

來信 : 柳相夏.

Up at 5 a.m. About 6:30 I went to 黃金町 and took my stand on the side walk south side of the street, set apart for the members of the Red Cross Society. The Funeral Procession in Japanese style passed by about 9 a.m. With sadness indescribable I reverently took off my hat to the Bier that contained the mortal remains of the Ex-Emperor. As the 大轝 passed by us in great solemness, some of the Japanese laughed while others kept hats on. The Koreans who held the lines in front of the great palanquin said to these Japanese. 무에 조아 웃니? Others said, "Was that fellow born with his hat on?"

An almost interminable line of soldiers with arms reversed marched by in perfect order. One Japanese said "Kono kurai no hei-dai wo midara, josenjin wa bigu bigu suru taro. Ha-ha." 2d J. "sayo rambo-sha mo mina hei-sok shidane". 3d. J. "Sodono josenjin wa otonashi yo. Tata senkyoshi gakko no sho sei ga ran bo ta. Anna mono wa mina ro ni butsi konde shima nagashi shita hoga ye yo." Rest at home whole afternoon. 鄭華基 told me that the 天道教人 are planning disturbance tomorrow; that students firmly believe in the assassination of the Ex-Emperor by 尹 . . etc.

● 출전: 『尹致昊日記』 7(한국사료총서 제19집), 서울, 국사편찬위원회, 1968.

4. 참고문헌

양현혜, 『윤치호와 김교신, 근대 조선에 있어서 민족적 아이덴티티와 기독교』, 서울, 한울, 2009.

柳忠熙, 『朝鮮の近代と尹致昊：東アジアの知識人エトスの變容と啓蒙のエクリチュール』, 東京, 東京大學出版會, 2018.

김상태, 「일제하 윤치호의 내면세계 연구」, 『역사학보』 165, 2000.

노상균, 「방관과 친일 사이, 윤치호의 3.1운동 인식과 대응」, 『정신문화연구』 153, 2018.

임시정부에 참여한 정치세력의 분화

1. 제목

상해의 장붕이 미국에 있던 이승만에게 보내는 정보 보고서

2. 해제

상해임시정부에 참여한 독립운동가들은 일제의 식민통치로부터 조선의 독립을 꾀한다는 점에서 공통의 목표를 갖고 있었다. 하지만 이들이 단일한 정체성을 갖고 있었던 것은 아니다. 그들은 여러 정치세력으로 분화되어 있었다. 초창기 2~3년간 상해임시정부를 지탱한 집단은 3대 정치세력이었다. 지도적 위치에 있었던 사람을 기준으로 삼아 호명한다면 이승만 그룹, 안창호 그룹, 이동휘 그룹이라고 부를 수 있다. 각 그룹은 비공식적으로 존재하는 독자적인 조직체계와 연락망을 갖고 있었다. 구성원들의 의견 통일과 행동 일치를 보장하는 나름대로의 장치가 있었던 것이다.

이 사료는 이승만 그룹의 존재 방식과 행동양식을 보여준다. 상해에 망명해 있는 이 그룹의 구성원들은 미국에 체류 중인 이승만과 정기적으로 연락을 주고받았다. 이 연락 임무에 종사했던 사람들은 현순

(玄楯 : 1880~1968), 안현경(安玄卿 : 1881~?), 장붕(張鵬 : 1877~1955) 등이었다. 이들은 1919년 가을부터 1924년경까지 정기적인 편지 교환을 지속했다. 임시정부 안팎의 정세, 독립운동계 주요 인사의 동정과 인물평, 현안 대처 방안, 지지세력의 육성 방안 등을 논의하고 있다. 이 사료들은 독립운동가들의 정치적 결속과 분화의 메카니즘을 밝힐 가능성을 제공해 준다.

3. 사료

本月 八日에 付郵ᄒᆞᆫ 候椷은 仰想俯覽이오며 하와이 『國民報』가 連續來到ᄒᆞᆷ으로 閣下의 安候를 槪知ᄒᆞ엿ᄂᆞ이다. 謹問 新凉入郊墟ᄒᆞᆫᄃᆡ 崇體節 恩護萬安ᄒᆞ시오며 公務ᄂᆞᆫ 過히 增損이나 되지 아니ᄒᆞᄂᆞᆫ지 仰禱時々오며 敎弟ᄂᆞᆫ 依劣이오나 主恩은 常足ᄒᆞ오이다. 玄(玄楯)·安(安玄卿) 兩兄이 貴 地에 到着ᄒᆞ엿슬듯 ᄒᆞ오니 安候를 傳ᄒᆞ심을 仰望ᄒᆞᄂᆞ이다.

民國 二年 八月 二十一日 張鵬 再拜

夾白

一. 安昌浩君은 香港에 갓다가 如意치 못ᄒᆞ고 上海로 還來ᄒᆞ온 後 該議員團을 追踪ᄒᆞ야 北京ᄭᆞ지 갓ᄂᆞᆫᄃᆡ 尙未還來ᄒᆞᆷ으로 其詳報ᄂᆞᆫ 未聞이오며(南京에셔 接見ᄒᆞ랴다가 亦 不如意云)

二. 李東暉[輝]君이 本月 十一日에 威海衛에셔 李圭洪君과 同伴還來ᄒᆞ얏ᄂᆞᆫᄃᆡ 一次 訪問ᄒᆞᆫ즉 自己ᄂᆞᆫ 曾往에 精神上 所致로 該擧措를 ᄒᆞᆫ 것인ᄃᆡ 將來에ᄂᆞᆫ 國事에 盡忠ᄒᆞ며 閣員들과 和合ᄒᆞ겟다 ᄒᆞᄂᆞᆫᄃᆡ 其言은 分析ᄒᆞ면 一曰 閣下ᄂᆞᆫ 精神上으로 敵位에 在ᄒᆞᆫᄃᆡ 徹頭徹尾 反對ᄒᆞ겟다

ᄒᆞ며 閣下를 指ᄒᆞ야 賣國者라 ᄒᆞᄂᆞᆫ듸 其 意味(李氏가 또 敎令에 閣員의 連署가 업슴이 違法이라 ᄒᆞᄂᆞ이다.)인즉 李完用이 國家를 日本에 賣ᄒᆞᆷ과 閣下가 統治를 美國에 委任ᄒᆞ랴 ᄒᆞᆫ 것이 一般인즉 到底히 攻擊치 안코ᄂᆞᆫ 不止ᄒᆞ겟다 ᄒᆞ며 또 閣下ᄂᆞᆫ 아직 社會主義의 素養이 無ᄒᆞᆫ즉 識見이 美國의 政治制度에 不踰ᄒᆞ야 眞正의 平等 自由의 公理ᄂᆞᆫ 不悟ᄒᆞᆯ듯 ᄒᆞ다 ᄒᆞ며 二曰 極東의 事ᄂᆞᆫ 自己가 各 閣僚와 協同ᄒᆞ야 行ᄒᆞ고 美洲와ᄂᆞᆫ 連絡치 안켓다 ᄒᆞ오며 三曰 李東寧氏와 接近ᄒᆞ게 되엿슨즉 幸莫甚焉이오 또 安君[安昌浩]이 還來ᄒᆞ면 和合ᄒᆞ게 지내겟다 ᄒᆞ며

三. 光復軍은 漸次 進行되ᄂᆞᆫ 모양인듸 其 規則도 印刷ᄒᆞᄂᆞᆫ 中이라 ᄒᆞ오니 印刷되거든 一部를 仰呈ᄒᆞ오리다.

四. 四十七人以下 三百餘名 卽 獨立宣言者 及 獨立示威運動者의 公判인즉 裁判 訴訟 手續의 未分明(高等法院에셔 法院의 指定이 無ᄒᆞᆷ)ᄒᆞᆷ으로 不受理로 判決되엿스며

五. 西北 我 國境에 在ᄒᆞᆫ 同胞의 運動狀態를 視察ᄒᆞᆫ 人의 通信을 據ᄒᆞᆫ즉 俄領方面에셔 李東暉(輝)君으로 首領을 삼은 國民軍이 有ᄒᆞ며 北間嶋에 數種에 團體이 잇셔 軍備를 準備ᄒᆞ며 또 滿洲方面에 獨立團이 잇고(趙孟善이 團長이라 ᄒᆞᆷ) 西間嶋 方面에 光復軍營이 잇스며 此外에 小小ᄒᆞᆫ 團體가 十餘團이 잇ᄂᆞᆫ듸 다 武力을 準備ᄒᆞ오며 各 團體에 다 金錢이 數十萬元式 잇ᄂᆞᆫ듸 俄國의 交通이 便利ᄒᆞ면 兵器를 購入ᄒᆞᆯ 經營이오며 這間에 日兵과 衝突ᄒᆞᆫ 數爻가 三十餘次인듸 다 勝利를 得ᄒᆞ얏슬ᄲᅮᆫ 아니라 日兵 三師團의 兵力이 아니면 能히 討滅치 못ᄒᆞ리라ᄂᆞᆫ 評論이 有ᄒᆞ오며 只今은 各 團體가 다 連絡ᄒᆞ고 北間嶋 方面으로 集中ᄒᆞ야 大大的 戰爭을 ᄒᆞ랴ᄂᆞᆫ 經營인듸 上海에 在ᄒᆞᆫ 赤十字會도 크게 活動을

開始ᄒᆞ야 內地로 醫學生 三四年級된 者와 看護婦를 該 地로 誘導ᄒᆞ야 病傷兵의 救護와 看護人의 養成에 盡力ᄒᆞ랴 ᄒᆞᄂᆞᆫᄃᆡ 將來에 頗히 刮目ᄒᆞᆯ 事가 顯現ᄒᆞᆯ듯 ᄒᆞ오이다.

六. 中國小兒 被刺嫌疑로 被囚되엿던 金義善君의 子와 金萬謙君의 子ᄂᆞᆫ 日領事署로 護送ᄒᆞ엿스나 將次 無事放免이 될듯 ᄒᆞ오이다.

七. 金立의 私札事件으로ᄂᆞᆫ 李元翼이 責任辭免ᄒᆞᆫ온 후 무ᄉᆞᆷ 風波가 生ᄒᆞᆯ듯 ᄒᆞ던 바 아직 아모 消息도 업소이다.

八. 崔昌植君이 하와이로 가지 못ᄒᆞᆫ 것은 무ᄉᆞᆷ 연고인지 알 수 업거니와 崔君이 昨年에 安昌浩君과 提携ᄒᆞ랴 ᄒᆞ다가 如意치 못ᄒᆞ야 分離되며 李東暉[輝]君의 就任ᄒᆞᆷ을 隨ᄒᆞ야 秘書長을 辭任ᄒᆞᆫ 後 恒常 紆鬱히 지ᄂᆡᄂᆞᆫ 中 幸히 玄楯兄과 同居ᄒᆞ야 每事를 協議ᄒᆞ고 지내던 터인ᄃᆡ 하와이로 同行ᄒᆞᆯ 일이 되지 못ᄒᆞ엿고 只今인즉 可謂 木不着 石不着이온ᄃᆡ 万一 崔君을 放ᄒᆞ면 安君의게 다시 갈 일은 不免ᄒᆞᆫ 事實이온ᄃᆡ 崔君으로 言ᄒᆞ면 才子오 活動ᄒᆞ기를 好ᄒᆞ며 또 多少의 黨羽가 잇ᄂᆞᆫᄃᆡ 此를 容納ᄒᆞ면 吾黨이 될 것이오 그럿치 아니ᄒᆞ면 崔君을 失ᄒᆞᆯ ᄲᅮᆫ 아니라 反히 敵位에 立케 ᄒᆞᆯ지니 愚意에ᄂᆞᆫ 弟의 代身으로 通信事務를 擔任식히고 五十元식 하와이에셔 보ᄂᆡ시면 極好ᄒᆞᆯ듯 ᄒᆞ오이다. 敎弟ᄂᆞᆫ 無報酬로 ᄒᆞ고 種々 可奇之事가 잇거든 通信ᄒᆞ오리다. 貴 意를 速히 듯고져 ᄒᆞ오며 金元慶孃이 亦是 同志오니 그리 아시옵소셔.

九. 崔昌植君의 言이 上海에셔 週報로 新聞을 發行ᄒᆞ자 ᄒᆞᄂᆞᆫ 新聞 發行에 對ᄒᆞ야 同感이오며 其 計劃인즉 二千元으로 創立準備를 ᄒᆞ되 設備에 一千元 五個月 經費에 一千元인ᄃᆡ 每月에 紙價 一百元(四回에 各 一千部式) 經費 各 項으로 一百元이라 ᄒᆞ며 五個月間에 新聞 代金으로

還入ᄒᆞᄂᆞᆫ 것이 幾百元이 되올 터이니 將來에 繼續홀 수 잇스며 또 其不足額의 後援을 하와이에셔 擔當ᄒᆞ여야 ᄒᆞ겟다 ᄒᆞ오니 此論에 對ᄒᆞ야 깁히 硏究ᄒᆞ시옵쇼셔.

其 新聞의 主義인즉 多少間 社會主義의 彩色을 帶ᄒᆞ여야 홀 것은 內地나 中國에셔 社會主義熱이 旺盛ᄒᆞ야 旣往에 民主共和主義인 美國制度로ᄂᆞᆫ 人民의 滿足을 與홀 수 업ᄂᆞᆫ 緣故이며 또 閣下ᄭᅴ도 希望ᄒᆞᄂᆞᆫ 바ᄂᆞᆫ 美國交際上에 誤解가 生홀ᄂᆞᆫ지 알 수 업스나 民治的 社會主義쯤 되ᄂᆞᆫ 色彩ᄂᆞᆫ 아니가지실 수 업ᄂᆞᆫ 形便인듯 ᄒᆞ오이다(弟가 잘못 알엇ᄂᆞᆫ지 알 수ᄂᆞᆫ 업소이다).

十. 敎弟의 區々ᄒᆞᆫ 私情을 言ᄒᆞ겟ᄉᆞ오니 寬容ᄒᆞ시옵쇼셔. 去五月中에 安玄卿君이 閣下의 書信을 出示ᄒᆞ며 自己가 歸美ᄒᆞᆫ 後 通信事務를 보라 ᄒᆞ기에 國事를 爲ᄒᆞ던지 하와이에 在ᄒᆞᆫ 同胞를 爲ᄒᆞ던지 또ᄒᆞᆫ 閣下의 舊誼를 思ᄒᆞ야도 辭免치 못ᄒᆞ고 感謝ᄒᆞ온 ᄆᆞ음으로 許諾ᄒᆞ엿ᄂᆞ이다. 그런ᄃᆡ 其後에 安兄이 六月末에 出發ᄒᆞᄂᆞᆫᄃᆡ 旅費가 不足ᄒᆞ야 돈을 두고 가지 못ᄒᆞᆫᄃᆡ ᄒᆞ며 一元도 두지 아니ᄒᆞ고 가며 曾前에 貸用ᄒᆞᆫ 돈 十八元은 通信費로 밧은 양으로 ᄒᆞ야 領受證을 要ᄒᆞ기에 써 주엇ᄂᆞ이다.

그러ᄒᆞ온ᄃᆡ 敎弟ᄂᆞᆫ 果然 後援ᄒᆞᄂᆞᆫ 者가 업고 上海에 到着ᄒᆞ온 後 某新聞社에 雇用이 되야 每朔에 二十元식 밧고 드엿스나 去六月브터ᄂᆞᆫ 其任을 解除가 되여 옴짝홀 수 업ᄂᆞᆫ 것을 보고도 이와 ᄀᆞᆺ치ᄒᆞ며 또 發程ᄒᆞᆫ 後에 途中에셔 一次 付託ᄒᆞᄂᆞᆫ 말이 업ᄉᆞ온즉 이ᄂᆞᆫ 敎弟를 不足히 녁여셔 그리ᄒᆞᄂᆞᆫ 것이온ᄃᆡ 不足히 녁이면 辭任ᄒᆞ라 ᄒᆞ여도 弟가 辭任홀 터인ᄃᆡ 엇지 이ᄀᆞᆺ치 措處ᄒᆞᄂᆞᆫ지 알 수 업ᄉᆞ오며 또 하와이에셔 돈을 아니보닉며 事情도 通信치 아니ᄒᆞ니 무슴 일인지 궁금ᄒᆞ오이다.

教弟ᄂᆞᆫ 不可不 其 事業이던지 經營ᄒᆞ여야 糊口도 ᄒᆞ며 家族도 接濟ᄒᆞᆯ 터이오니 그리 아옵시고 安兄과 相議ᄒᆞ시와 相當ᄒᆞᆫ 人을 擇ᄒᆞ심을 切望々々ᄒᆞᄂᆞ이다. 또 弟가 拙ᄒᆞᆫ 사ᄅᆞᆷ이 되여 堪當키도 難ᄒᆞ오이다.

大概 이 말슴 ᄒᆞᄂᆞᆫ 것은 安兄을 不足ᄒᆞ게 녁임이 아니오. 다만 明晳ᄒᆞ게 言ᄒᆞ엿더면 趁卽 他事業에 着手ᄒᆞᆯ 것을 失機가 되엿ᄂᆞ이다. 그런 고로 如是ᄒᆞᆫ 일을 말ᄒᆞᆷ이오. 또ᄒᆞᆫ 弟의 感覺이 魯鈍ᄒᆞᆫ 것을 恨歎ᄒᆞ올 ᄲᅮᆫ이옵고 이제 辭任ᄒᆞ겟다 ᄒᆞᆷ은 大事에 僨誤가 無ᄒᆞ게 ᄒᆞ기 爲ᄒᆞ야 ᄒᆞᆷ이오니 諒解ᄒᆞ심을 仰望이오이다.

十一. 已往 仰託ᄒᆞ온 諸 條件에 對ᄒᆞ야 回教ᄒᆞ심을 顒望ᄒᆞᄂᆞ이다.

十二. 本月 十八日에 梁基[起]鐸君이 漢城에셔 被捉되엿ᄂᆞ이다.

1920년 8월 21일.

- 출전: 「張鵬이 李承晩에게 보낸 서한」 1920.8.21., 『대한민국임시정부자료집』 42권, 서울, 국사편찬위원회, 2011.

4. 참고문헌

반병률, 『성재 이동휘 일대기』, 서울, 범우사, 1998.

윤대원, 『상해시기 대한민국임시정부 연구』, 서울, 서울대학교출판부, 2006.

한규무, 「현순의 인물과 활동」, 『국사관논총』 40, 1992.

오영섭, 「상해 임정내 이승만 통신원들의 활동」, 『한국민족운동사연구』 52, 2007.

• • •

1. 제목

미국의 이승만이 상해의 장붕에게 보내는 지시 서한

2. 해제

1919년 10월에 발족한 재상해 통합임시정부는 내부 구성의 측면에서 보자면 이승만 그룹, 안창호 그룹, 이동휘 그룹의 연합체였다고 평가할 수 있다. 그중에서 이승만 그룹은 가장 큰 세력과 영향력을 지니고 있었다. 임시정부 최상층 수뇌부 가운데 3총장(신규식, 이동녕, 이시영)이 그 구성원이거나 지지자였고, 임시의정원 의원들 중에서도 그 구성원들이 다수를 점하고 있었다. 자료에 따라서 '기호파'라고도 부르는 이 정치세력은 미국의 이승만을 정점으로 하여 강한 응집력을 보여주었다.

이 사료는 미국의 이승만(1875~1965)이 상해에 체류 중인 자파 구성원 장붕에게 1921년 7월 16일자로 보낸 비밀편지이다. 이 편지를 통해서 이승만 그룹의 내부를 들여다 볼 실마리를 얻을 수 있다. 보기를 들면 현안 문제의 협의 상대자를 지목한다거나, 구체적인 과업을 지시한다거나 하는 구절들이 그것이다.

3. 사료

滄南〔張鵬〕 仁兄 回照

六月 十八日 念四日 書와 新聞은 皆 依來ᄒᆞ야 悵菀之餘에 欣慰萬々이외다.

我의 行踪을 無人知之ᄒᆞ는 쥴로 想ᄒᆞ고 個人 尋訪에도 極히 注意ᄒᆞ며 다 ᄂᆞᆫᄃᆡ 今에 聞ᄒᆞᆫ즉 上海에셔도 弟가 呂宋에셔 發ᄒᆞᆫ 消息을 其 翌日에 知ᄒᆞ엿고 美洲 東方來信을 據ᄒᆞᆫ즉 亦 皆 已知ᄒᆞ엿스니 弟의 潛踪秘跡이 如是其難ᄒᆞ외다.

離呂ᄒᆞᆫ 지 十六日만의 抵湖ᄒᆞ엿ᄂᆞᆫᄃᆡ 四五日前ᄒᆞ야 閔兄에게 暗電ᄒᆞ고 我의 渡來ᄒᆞᆷ을 公佈치 말나 ᄒᆞ엿ᄂᆞᆫᄃᆡ 及其 下陸ᄒᆞ고 본즉 本港 英文報社에 先已知之ᄒᆞ고 來訪ᄒᆞ기로 面會를 許ᄒᆞ엿더니 長說을 揭載ᄒᆞ여 廣布ᄒᆞ니 亦 復奈何오.

上海에셔ᄂᆞᆫ 統領이 逃走ᄒᆞ엿다 或 中路에셔 青年에 逢辱ᄒᆞ엿다 ᄒᆞᄂᆞᆫ 모든 訛言은 임의 預料ᄒᆞᆫ 바이니 不須驚怪이며 但 內地에 如此ᄒᆞᆫ 風說이 流行ᄒᆞᆷ은 眩惑人心ᄒᆞᆯ 慮가 不無ᄒᆞ니 貴處에 在ᄒᆞᆫ 二三青年同志로 密議ᄒᆞ야 內地에 通信을 頻數히 送ᄒᆞ시오. 此는 特히 睨觀〔申圭植〕과 海公〔申翼熙〕과 想〔相〕議ᄒᆞ시며 他方面으로라도 東京이나 他路로 連ᄒᆞ야 事實을 通知ᄒᆞ시오.

我軍 五百名이 敵과 接戰ᄒᆞ야 死傷ᄒᆞ엿다ᄂᆞᆫ 聯合通信이 各 報에 記載된 지 已久인ᄃᆡ 我 軍政署나 政府에셔는 如何ᄒᆞᆫ 報告나 通信이 都無ᄒᆞ니 甚訝甚菀이외다. 各該 地方에 伸飭ᄒᆞ야 從此로ᄂᆞᆫ 此等 報告를 卽時ᄒᆞᄂᆞᆫ 거시 組織統一 되어 가ᄂᆞᆫ 根本的 宜務라 ᄒᆞ시오.

金圭〔奎〕植 辭免日字를 辭退前에 預先 斷行ᄒᆞ엿다고 論評ᄒᆞᆫ다 ᄒᆞᆷ은

不過枝節의 端末이라. 根本的 關係에는 損益이 都無훈 者이니 金이 如此훈 小節目으로 因ᄒᆞ야 大事를 不計ᄒᆞ면 其 言論이 맛참ᄂᆡ 不平者에 感情에셔 不過홀지라. 我가 委員部에 通寄홀 時에 金의 辭免홀 預定을 已知之ᄒᆞ고 卽時 通報홈이라. 自己가 만일 辭免치 안이ᄒᆞ고 말앗스면 我를 責ᄒᆞ기 無怪어니와 맛참ᄂᆡ 辭免훈 바에셔 其 私電日字의 早晩을 因ᄒᆞ야 論長較短홈은 語不成說이오. 且 自己는 辭免홀 거슬 미리 內定ᄒᆞ고 裏面으로 各 處에 通信ᄒᆞ여 我에 公式辭免ᄒᆞᄂᆞᆫ 日ᄭᆞ지 아모 말 말고 坐待ᄒᆞ라 ᄒᆞ면 我는 其局에 關係를 詳知ᄒᆞᄂᆞᆫ 터에 含默 過去ᄒᆞᄂᆞᆫ 거시 可홀가. 我는 事實ᄃᆡ로 行ᄒᆞ야 大局을 爲ᄒᆞᄂᆞᆫ 것 ᄲᅮᆫ이니 金이 아모리 吹毛覔玭〔疵〕코자 ᄒᆞ나 事實은 變改홀 슈 업ᄂᆞᆫ 거시외다.

移民事로 在布美人들이 華京〔워싱턴〕에셔 極力運動ᄒᆞᄂᆞᆫ 모양이니 我도 此에 注意ᄒᆞᄂᆞᆫ 바ㅣ며 華京에 가ᄂᆞᆫ 날에는 特別히 交涉ᄒᆞ야 多少間 勉力이 有ᄒᆞ기를 望ᄒᆞ나 東洋人 勞動을 反對ᄒᆞᄂᆞᆫ 有力團體가 多ᄒᆞ니 結果를 預測키 難ᄒᆞ며 學生渡美事에는 別力周旋ᄒᆞ여 보겟소.

呂宋에셔 美國人 數三人으로 相約이 有ᄒᆞ야 學生 五六人을 上海셔 渡來ᄒᆞ게 ᄒᆞ려 ᄒᆞ야 前書에 임의 署陳이거니와 今에 在呂青年會 總務 Zoye의 來書를 見ᄒᆞ건ᄃᆡ 願入ᄒᆞᄂᆞᆫ 青年들의 姓名과 協贊홀 만훈 在滬西友의 姓名을 玆히 錄送ᄒᆞ라 ᄒᆞ여스니 可合훈 我 青年으로 呂宋에 가셔 或 中學 或 大學에 入學ᄒᆞ야 誠心做工코져 ᄒᆞᄂᆞᆫ 이를 擇定ᄒᆞ야 列名훈 後 〔George A.〕 Fitch에게 付託ᄒᆞ야 呂港青年會 總務에게 助言으로 推薦ᄒᆞ여 달나 ᄒᆞ시오. 此 學生들이 渡去ᄒᆞ면 青館이나 或 教會寄宿舍에셔 留ᄒᆞ며 各 學校에 分ᄒᆞ야 入學케 홀 터인ᄃᆡ 呂宋大學도 咫尺에 在하고 學校는 다 英文으로 教授ᄒᆞ노니 初次 入學ᄒᆞᄂᆞᆫ 이들이

善美히 處身ᄒᆞ면 多人을 引遵ᄒᆞᆯ 門路가 開ᄒᆞᆯ 듯ᄒᆞ며 數三 西友의 周旋으로 或 事役을 得ᄒᆞ야 工夫 餘暇에 服役生活케 ᄒᆞᆯ 슈 잇소. 此를 速히 周旋ᄒᆞ야 答送ᄒᆞ시오.

海公은 別後 無一書ᄒᆞ니 甚訝ᄒᆞ외다. 財政으로 見困ᄒᆞᆷ은 不見如覩라. 該所儲金中에셔 略 二三十元 出付ᄒᆞ야 海公의 窘境에 補給ᄒᆞ시오.

向者 十三元五十戔은 領受ᄒᆞ엿다니 잘 ᄒᆞ엿소이다. 所存 若干金의 出入表를 錄示之ᄒᆞ심을 務望이며 國民會에셔 兄ᄭᅴ 送金 繼續ᄒᆞᆯ 希望이 無ᄒᆞ니 그리 아시며 兄이 渡布ᄒᆞ셔야 도을 事件이 多ᄒᆞᆫᄃᆡ 엇지던지 周旋ᄒᆞ야 速히 渡來ᄒᆞ심을 切望ᄒᆞ오. 旅費는 吾人所儲中 畧 一百五十元 爲限ᄒᆞ고 借用ᄒᆞ야 抵布後에 何 團體에셔 報還케 되던지 償還ᄒᆞ기로 ᄒᆞ고 卽時 來布ᄒᆞ시오. 其 餘額은 四五俱樂部로 넘겨 領收證을 밧으시오며 若或 他緊要事가 有ᄒᆞ면 更히 詳示ᄒᆞ시오. 俱樂部로 넘기는 이보다 必要ᄒᆞ면 넘기々 前에 詳示之ᄒᆞ셔야 作定ᄒᆞ겟소이다.

玄楯事는 可怪可驚ᄒᆞᆯ 妄動輕行이 多ᄒᆞ야 委員部에셔 公然 聲討ᄒᆞ기에 至ᄒᆞᆫ 거슬 此處에셔 容赦ᄒᆞ야 保護를 曲許ᄒᆞ엿슴으로 委員部와 桑港〔샌프란시스코〕셔는 도로혀 布哇〔하와이〕 僑民들이 玄을 優待ᄒᆞᆫ다고 評論이 有ᄒᆞᆫ 거슬 不計ᄒᆞ엿스니 此는 玄을 悔改식혀 有用之人이 되게 ᄒᆞᆷ으로 一敗倒地의 境에 至ᄒᆞ기를 免케 ᄒᆞᆷ이어ᄂᆞᆯ 自己가 更히 妄動狂行으로 更無餘地히 ᄒᆞᆷ으로 布哇셔는 容身ᄒᆞᆯ 슈 업시 되고 弟도 斗護ᄒᆞᆯ 슈 업스니 諒之ᄒᆞ시오. 弟가 美京 엇던 旅館에 任置ᄒᆞᆫ 館舍 마〔什〕物을 皆爲取去ᄒᆞ여다가 公館ᄒᆞᆫ다 ᄒᆞ고 其 所謂 律師 Finkel이라는 者에게 任置ᄒᆞ야 律師費로 典執케 ᄒᆞ엿스며 委員部 所入 正供 一千一百元外 更히 一千二百을 攬下ᄒᆞ야 幾何는 其 律師에게 付ᄒᆞ고 幾何는 自己

의 旅費로 用下ᄒᆞ엿스니 此를 何如히 磨堪〔勘〕ᄒᆞᆯ넌지 未知외다. 此處 人心은 玄을 곳 美國法律로 懲治코자 ᄒᆞ나 事體를 보아 못ᄒᆞ고 忍憤過ᄒᆞ기에 如此ᄒᆞ외다.

國民會를 變ᄒᆞ야 僑民團을 成ᄒᆞᆫ 後로 國民會人은 旣往 中立者들이 僑民團에 多數히 主務ᄒᆞ니 彼人이 出金ᄒᆞ기를 待ᄒᆞᆫ다 ᄒᆞ고 各 地方에셔 垂〔袖〕手坐觀ᄒᆞᄂᆞᆫ 人이 多ᄒᆞ야 財政이라고는 莫可奈何며 況 糖價 低落에 錢荒이 極甚ᄒᆞ야 變通이 極히 難ᄒᆞ나 今番에 엇지ᄒᆞ던지 極力 鳩集ᄒᆞ여 보려 ᄒᆞ며 政府에 內部結束이 如此히 됨을 聞ᄒᆞ고 喜幸히 넉이며 動心ᄒᆞᄂᆞᆫ 色態가 發露ᄒᆞ니 幸이외다.

所謂 믠데토리間題로는 今에 鄭漢〔翰〕景君에 詳細記事를 受ᄒᆞ엿ᄂᆞᆫᄃᆡ 弟가 渡美ᄒᆞ기 前에 鄭이 發論ᄒᆞ엿고 國民會 中央總會에셔 議決ᄒᆞ야 鄭에게 許諾ᄒᆞ엿고 安君도 皆 知之事이라. 弟는 最後書字를 送ᄒᆞᆯ 時에 署名ᄒᆞᆫ 것 ᄲᅮᆫ이니 此 事實을 公佈ᄒᆞ려거던 ᄒᆞ시오. 書類는 다 睍觀〔申圭植〕ᄭᅴ로 付送ᄒᆞ시오. 張斗轍도 從容이 付託ᄒᆞ야 旅費를 先貸ᄒᆞ야 가지고 오라 ᄒᆞ시오.

此處에셔 多數ᄒᆞᆫ 同志가 遠東이나 美洲에셔 渡來ᄒᆞ기를 望ᄒᆞᄂᆞᆫᄃᆡ 旣往 經歷을 보건ᄃᆡ 此에 到ᄒᆞᄂᆞᆫ 人들이 普通 僑民의 情形은 不察ᄒᆞ고 湖港(호놀룰루)에 在ᄒᆞᆫ 幾個人에 嗾囑을 甘聽ᄒᆞ야 彼反對者들과 連絡ᄒᆞ야 大事에 貽誤ᄒᆞ고 自身에 貽累ᄒᆞ야 今番 玄楯이 行動과 如히 ᄒᆞᄂᆞᆫ 者이 種々 有之ᄒᆞᆷ으로 此를 防止키 爲ᄒᆞ야 幾個 條件을 定ᄒᆞ엿ᄂᆞ니 志士와 引導者들 中 同志로 布哇僑民의 請邀를 依ᄒᆞ야 渡來ᄒᆞᄂᆞᆫ 者게 此 數條를 約定ᄒᆞᄂᆞᆫ 거시 可ᄒᆞ다는 意見이 定ᄒᆞ엿스니

一은 무숨 黨派나 或 他 團體의 結連으로 本 地方 各 事業에 損害ᄭᅵ치

지 못홀 事

一은 本 地方에 韓人 教會와 學校와 公會와 各 項 公共흔 事業에 對흐야 現主任者와 多教人의 公意딕로 遵行홀 事

一은 民國政府의 現狀을 維持 擁護흐기에 誠忠을 變치 못홀 事

以上 三條件를 秘密히 約定흐야 署名 還送흐야 本港 事務所에 留置흐고져 흐니 兄과 張斗轍도 各々 一紙書 錄送흐시려니와 金泰淵君에게도 兄이 別紙에 紀〔記〕錄흐시와 布哇同志의게셔 付託흔 거스로 말숨흐고 署名을 得흐야 卽時 閔贊(燦)鎬 · 李鍾寬 · 安玄卿에게 付送흐시오. 此處와 美洲에는 無慮홀지니 上海만 잘 端束흐야 彼輩의 害를 不受흐시오.

時促 爲此謹謝.

三年 七月 十六日 雩南生 謹

● 출전: 「李承晩이 張鵬(滄南)에게 보낸 서한」, 1921.7.16., 『대한민국임시정부자료집』 42권, 서울, 국사편찬위원회, 2011.

4. 참고문헌

방선주, 『재미한인의 독립운동』, 춘천, 한림대 아시아문화연구소, 1989.

한국근현대사학회 편, 『대한민국임시정부 수립 80주년 기념논문집(상, 하)』, 서울, 국가보훈처, 1999.

정병준, 『우남 이승만 연구』, 서울, 역사비평사, 2005.

고정휴, 「독립운동기 이승만의 외교노선과 제국주의」, 『역사비평』 31, 1995.

현대

민간인 학살과 진상규명

1. 제목

거창사건 조사 처리에 관한 국회 결의(1951년)

2. 해제

6.25전쟁 당시 한반도 각 지역에서는 권력에 의한 민간인 학살이 수 없이 자행되었다. 그중에서도 1951년 2월 9일부터 11일까지 경상남도 거창군 신원면에서 일어난 '거창사건'은 대표적인 민간인 학살 사례라 할 수 있다. 지리산 일대에서 잔존 북한군 유격대(빨치산)를 토벌 중이던 국군 11사단 9연대 소속 군인들이, 작전 중 피해를 입자 이에 대한 보복차원에서 인근 주민들을 소위 '通匪분자'로 몰아 집단 학살하였다. 당시 학살당한 주민은 700명이 넘었다.

戰時라는 상황으로 인해 소리 없이 묻힐 뻔한 이 사건은, 1951년 3월 29일 비공개로 열린 국회본회의에서 거창 출신 愼重穆(1902~1982) 의원이 사건을 폭로하고 진상조사를 요구하면서 세상에 알려졌다. 그 결과 '거창사건특별조사위원회'가 만들어졌고, 특별조사위원회는 1951년 4월 6~7일에 현지조사를 시도했다. 하지만 金宗元(1922~

1964) 등 사건 관련자들은 현지조사를 방해하기 위해 국군을 빨치산처럼 꾸며 현지조사에 나선 국회의원들을 습격하게 하였다. 이러한 어려움과 한계 속에서도 특별조사위원회는 1951년 5월 8일 「거창사건조사보고서」를 작성 · 제출했다. 이에 국회는 1951년 5월 14일 행정부에 '비합법적 행형'을 자행한 책임자를 처벌할 것을 요구하는 「결의문」을 만장일치로 채택했다. 그러나 이 「결의문」은 부실한 현지조사로 인해 학살 피해자 수를 실제보다 매우 적게 파악했을 뿐만 아니라, 민간인에 대한 국가폭력을 '비상조치의 행형' 혹은 '부득이한 전투사정이 개재' 등의 논리로 합리화한 면도 있다.

3. 사료

主文

거창사건에 대한 정부와 국회의 조사가 그 전말이 대동소이하나 차이점을 검토한즉,

1. 187인의 처형은 고등군법회의에서 행한 것이라 하나 법무관의 出廷이 없는 재판이었다는 사실이 판명되었으며, 뿐만 아니라 피고인의 명부도 전연 없으니 이는 법치국가에 실재할 수 없는 비합법적 行刑이라고 단언하지 않을 수 없다.

2. 사형집행을 개별적으로 행하지 않았으니 이는 현지의 실정이 隨時隨處에 출몰하는 공비의 토벌이 계속 중이므로 그 불의의 역습을 전율하는 나머지에 행하여진 비상조치의 행형이라고 상상할 수는 있으나 그 행형의 방법이 심히 부당하다는 비판을 면할 수 없을 것이다.

前述한 사건은 暴虐無道하고 出沒非常한 공비를 토벌하는 전투지구에

서 발생한 것이므로 부득이한 전투사정이 介在 또는 관련되었으리라는 것은 시인하는 바이나 憲政의 궤도인 민주정치의 달성 · 보장을 기하기 위하여는 지휘감독의 직원이 있는 사단장 이하의 각 책임자와 현지의 행정책임자를 준엄하게 처벌, 또는 징계함으로써 행정의 과오를 시정 천명하여야 한다는 것을 만천하에 공언하는 바이다.

右 결의함

단기 4284년 5월 14일

대한민국 국회

● 출전: 국회사무처, 『제10회 국회정기회의속기록』 제81호(1951년 5월 14일), 14쪽.

4. 참고문헌

서중석, 『조봉암과 1950년대 (하): 피해대중과 학살의 정치학』, 서울, 역사비평사, 2000.

한인섭 편, 『거창양민학살사건자료집』 1~3, 서울, 서울대학교 법학연구소, 2003.

한성훈, 『가면권력: 한국전쟁과 학살』, 서울, 후마니타스, 2014.

• • •

1. 제목

양민학살사건진상조사보고서(1960년)

2. 해제

6.25전쟁 후 李承晩(1875~1965) 정부 하에서 극우반공체제가 강화되면서, 거창사건에 대한 진상규명 역시 더 이상 진전되기 어려웠다. 하지만 1960년 4.19혁명으로 이승만 정부가 붕괴되자 거창사건은 물론 6.25전쟁 당시 곳곳에서 자행된 민간인 학살 전반에 대한 진상규명의 요구가 급속하게 분출하였다. 여기에는 1960년 5월 초부터 『釜山日報』와 같은 지역언론이 거창사건에 대한 특집기사를 매일 연재한 것과 더불어, 특히 1960년 5월 11일 거창사건 당시 면장을 피해자 유족들이 타살하고 그 시신을 불에 태워버린 사건이 결정적 계기가 되었다.

이러한 분위기 속에서 국회는 거창사건과 여러 유사한 민간인 학살사건들을 함께 진상규명하고자 1960년 5월 23일 '양민학살사건진상조사특별위원회'를 구성하였다. 이후 특별위원회 소속 국회의원들은 1960년 5월 31일부터 6월 10일까지 11일간에 걸쳐 경상남북도, 전라남북도, 제주도를 현지조사하고, 그 결과를 정리하여 1960년 6월 21일 「조사보고서」를 작성·제출했다. 이 보고서에 따르면 6.25전쟁 당시 경상남북도, 전라남북도, 제주도에서 학살당한 민간인은 거창사건의 719명을 포함하여 총 8,715명이었다. 동시에 이 보고서는 행정부의 학살사건 '搜査'와 이와 관련한 '특별법' 제정을 촉구했다. 하지만 이 보고서는 "공산괴뢰에 악질적으로 협력한 민간인으로서 군작전상 부득이 살해한 자는 良民에서 제외"한다고 하여, 반공이데올로기에 따라 진상규명의 대상을 모든 민간인이 아닌 소위 '양민'으로 한정하였다.

3. 사료

…… 被害狀況總計(慶南北 · 全南北 · 濟州道)

人命被害 … 八,七一五名

財産被害 … 家屋 : 一〇,〇四一戶 / 四,一七九棟

食糧 : 四,九三〇石

家畜 : 三,〇三六頭

衣類 : 三八,九四九點

四. 結語

敍上의 被害狀況으로 보아 六 · 二五動亂 前後를 通하여 軍警에 依한 人命 및 財産의 被害는 本委員會에서 調査한 地域만 보아도 激甚한 것으로서 現今까지도 繼續하여 各地方에서 本調査委員會에 報告되어 오는 被害數는 增加一路에 있는 것입니다. 뿐만 아니라 良民을 規定함에 있어서도 當時 共産傀儡에 惡質的으로 協力한 民間人으로서 軍作戰上 不得已 殺害한 者는 良民에서 除外되어야 할 것이며 特別히 良民의 人命과 財産被害로서 調査對象이 된 것은 別途 添附하여 配付한 速記錄

內容과 같이 本委員會에서 調査한 擧皆의 地區에 있어서는 當該地域에 駐屯한 部隊 또는 警察 其他人員이 作戰을 憑藉하여 不法的인 人名의 殺傷과 良民의 財産을 燒却한 等만이 本委員會에서의 良民虐殺事件의 調査對象이었습니다.

甚至於는 有夫女 및 處女의 强姦과 財産을 燒却 奪取하는 等 目不忍見의 蠻行을 恣行한 곳도 不少하였습니다.

本委員會에서는 如斯한 良民의 人的 財的被害를 더 詳細히 把握하여 이의 事後對策을 爲하여 行政府當局者의 協助를 얻고자 內務, 法務, 國防의 三部長官을 委員會에 出席케 하고 이를 愼重討議한 結果 이 正確하고 詳細한 實情을 調査토록 決議하였습니다. 또한 本委員會에서는 左記와 如히 行政府에 對한 建議案을 作成하고 本會議에 報告토록 結末지운 것입니다.

五. 行政府에 對한 建議案

1. 政府는 民議院良民虐殺事件調査團에서 調査한 地域뿐아니라 該事件調査를 爲한 軍,警,檢合同搜査本部를 設置하여 良民의 生命과 財産上 損害를 끼친 惡質的關聯者 및 被害者와 被害狀況을 早速한 短時日內에 調査할 것.

2. 良民의 生命, 財産上 被害를 끼친 惡質的關聯者의 嚴重한 處斷과 被害者에 對한 補償制度를 設定하기 爲하여 旣存法律에 依한 一事不再理原則이나 時效의 抵觸規定에 關係없이 特別法으로 假稱 「良民虐殺事件處理特別措置法」의 制定을 促求한다.

● 출전: 국회사무처, 『제35회 국회임시회의속기록』 제42호 부록(1960년 6월 21일), 1~3쪽.

4. 참고문헌

한인섭 편, 『거창양민학살사건자료집』 1~3, 서울, 서울대학교 법학연구소, 2003.

이창현, 「1960년대 초 피학살자유족회 연구」, 성균관대학교 박사학위논문, 2018.

한상구, 「피학살자 유가족문제: 경상남북도지역 양민피학살자유족회 활동」, 『한국사회변혁운동과 4월혁명 2』, 서울, 한길사, 1990.

이동진, 「국민과 비국민의 경계: 피학살자유족회사건을 중심으로」, 『사회와 역사』 101, 2014.

대학 통제와 민주화

1. 제목

『大學新聞』 사건을 보고(1956년)

2. 해제

1945년 해방 직후 한국인들은 새로운 국가 건설의 열망 속에서, 식민지배 아래 억제되었던 교육, 특히 고등교육에 큰 관심을 보였다. 대학을 비롯한 다양한 형태의 고등교육기관들이 만들어졌고, 학생들도 날로 늘어갔다. 하지만 미군정기에 여러 관립학교들을 국립서울대학교로 통합하는 과정에서 소위 '국대안 파동'이 일어났고, 그 결과 비판의식이 강한 많은 교수와 학생들이 대학을 떠났다. 대한민국 정부 수립 이후에도 학도호국단이 만들어지는 등 국가의 대학 통제는 더욱 강해졌다. 특히 6.25전쟁을 겪으면서 대학은 극우반공체제의 틀 속에 공고하게 편입되었다.

이러한 분위기 하에서 1950년대 대학 교수나 학생들은 종종 필화사건에 휘말렸다. 1957년에 발생한 柳根一(1938~) 필화사건은 대표적인 사례다. 류근일은 학교 신문에 민주사회주의를 주장하는 글을 썼으나, '무산대중'과 같은 몇몇 표현이 문제가 되어 구속까지 되었다. 그 전해인 1956년에는 서울대에서 발행하는 『大學新聞』에 실린 서울법대 韓泰淵(1916~2010) 교수와 黃山德(1917~1989) 교수의 글이 문제가 되었다. 이 두 교수 모두 당시 치러진 정부통령 선거의 파행과 관련해 정부와 여당을 비판했는데, 역시 몇몇 표현이 문제가 되어 이미 제작된 신문들이 회수되고 자구수정 후 재배부되는 일이 벌어졌던 것이다.

흥미로운 것은 이 사실을 전하는 『高大新報』의 1956년 6월 4일자 사설 역시 인쇄·배포 과정에서 자구수정이 이루어진 흔적을 발견할 수 있다는 점이다. 실제 신문에 실린 사설의 결론은 한태연, 황산덕 교수의 글을 옹호하는 것인지 비판하는 것인지 모호하게 처리되어 있다. 하지만 1973년에 간행된 고대신문 논설집 『民族과 大學』에 재수록된 이 사설의 결론은 명백히 한태연, 황산덕 교수를 옹호하는 것이었다. 그리고 더 나아가 대학의 권위를 회복하기 위해 "피로써 항쟁해야 할 것"까지 주장하였다. 이를 통해 이 사설 역시 신문의 인쇄·배포 과정에서 자구수정이 이루어졌음을 추정할 수 있다.

3. 사료

國立서울大學校에서 발행되는 『大學新聞』이 지난 二十九일 돌연 서울大學當局에 依해서 配付禁止가 되었고, 그 후 다시 字句削除와 訂正을 하고 新聞을 다시 印刷하여 지난 三十一日 再配付하게 되었다고 한다. 結局 問題가 된 것은 五월 二十八日付의 『大學新聞』(第一四九號) 二,三兩面에 걸쳐 掲載된 「大學에서 본 五·一五選擧」라는 五·一五選擧特

輯인 것이며, 그 中에서도 특히 서울法大 韓泰淵教授가 쓴「五 · 一五는 民主國民의 勝利」(副題=쓰레기 속에서도 장미꽃은 핀다)라는 題目下의 論文과「國民을 敵對視하지 말라」라는 題目으로 쓴 서울法大 黃山德教授의 論文인 양 싶다. ……

우리가 여기서 그 削除 · 訂正된 部分을 參考삼아 적어 보면 于先 韓教授의 論文 중에서 "公務員은 選擧後의 榮進을 爲하여 陰으로 陽으로 與黨에게 加擔했고, 警察은 直接으로 傳統的인 그 自家의 寶刀를 들고 與黨을 위한 選擧 第一線을 擔當했고, 軍部의 一部 腐敗한 高級將星은 또 하나의 星座에 參加하기 爲하여 無謀한 政治的 干涉을 試圖했다"라는 句節이 削除되었으며, 또한 前記 論文中 "傷痍軍警의 名譽를 빌린 某團體"가 "가지가지의 名稱을 가진 私設團體"로 訂正되었고, 또 "重石弗에 代身하여 이번 選擧에는 數十億의 手票"가 "不愉快한 資金에 代身하여 이번 選擧에는 最大限으로 動員된 莫大한 額의 選擧費"로 訂正되었다.

다음에는 黃教授의 論文中에서 "自由黨은 事實은 政黨이 아니라 하나의 合法的인 徒黨에 不過하였다"가 "自由黨은 사실은 政黨으로서는 아직 未熟한 胎兒에 不過하였다"로 訂正되었고, "이러한 盜賊團體 暴力團體를 自由黨의 傘下團體"가 "이러한 純粹하다고 볼 수 없는 各種團體를 自由黨의 傘下團體"로 訂正되었고, 마지막으로 "많은 損傷을 주어 그분에게 갈 票"가 "이것은 또한 李博士에게 갈 많은 票"로 訂正되었다. ……

우리가 여기서 問題삼고자 하는 것은 大學內에 있어서 學問研究와 批判의 自由에 關한 問題인 것이다. ……

大學에 있어서 學問의 自由와 批判의 自由가 徹底히 保障되지 않고서는 大學은 그 맡은 바 使命을 完遂할 수가 없는 것이다. 그러나 아무리 大學內에 있어서 批判의 自由가 許容된다 하더라도 거기에는 반드시 一定한 限界가 있다는 점을 忘却해서는 아니될 것이다. ……
勿論 前記한 兩敎授의 論說이 大學新聞이 아닌 다른 一般市中新聞에 揭載되었다면 또 모르겠다. 적어도 그것이 高度의 知性人을 讀者로 하고 있는 大學新聞에 揭載되었다는 것이 問題였다.

● 출전: 『高大新報』 1956년 6월 4일자 사설, 1면.

4. 참고문헌

高大新聞同人會 편, 『民族과 大學』, 서울, 고려대학교 출판부, 1973.
박태순, 『1960년대의 사회운동』, 서울, 까치, 1991.
오제연, 「1960~1971년 대학 학생운동 연구」, 서울대학교 박사학위논문, 2014.

• • •

1. 제목

民主學園은 어떻게 건설되어야 하나(1960년)

2. 해제

1960년 4.19혁명으로 李承晩(1875~1965) 정부가 붕괴되자 혁명의 주체였던 대학생들은, 1950년대 내내 학생들을 짓누른 무기력과 보수적 타성을 극복하기 위해 먼저 자신의 근거지인 대학을 민주적으로 정화하고자 했다. 실제로 4.19혁명 당시 학생시위에서 가장 빈번하게 등장한 주장은 '학원의 자유' 요구였다. 그 어느 곳보다 대학에서 한국사회의 모순을 경험했던 학생들은, 이승만 정부의 통제와 동원에 의해 유린된 대학을 먼저 정화하지 않고서는 자신들이 한 발짝도 나아갈 수 없다는 사실을 알고 있었다.

대학으로 돌아간 학생들은 곧바로 '학원민주화운동'에 착수했다. 어용교수의 퇴진과 함께 그동안 그들에게 침묵을 강요했던 어용자치조직 '학도호국단'의 해체를 요구했다. 학도호국단의 가장 커다란 후원자인 이승만 정부가 무너진 상황에서 학도호국단 해체에 반대할 사람은 없었다. 결국 각 대학에 있던 학도호국단은 1960년 5월 3일 許政(1896~1988) 과도정부의 국무회의 결정을 통해 모두 해체되었다. 대학 당국도 1960년 5월 13일 20개 대학에서 24명의 학생지도 책임자들이 모여 새로운 학생 자치조직의 명칭을 '학생회'로 통일시키기로 하였다. 이후 각 학교에서는 학도호국단을 대체할 새로운 조직으로 우선 학생자치위원회가 만들어졌다. 이들 학생자치위원회는 대학별로 명칭이나 만들어진 시기, 구성방식에서 조금씩 차이를 보였지만, 모두 학생들 스스로의 힘으로 만든 학생자치조직이었다. 학생자치위원회를 모체로 하여 대부분의 대학에서는 늦어도 1960년 말까지 선거를 통해 정식으로 학생회를 건설하였다. 성균관대에서 발행한 『週刊成大』 1960년 5월 25일자 사설은 이러한 당시의 상황과 더불어, 학원민주화 과정에서 학생들의 영향력이 지나치게 커지는 것을 경계했던 교수들의 의중을 함께 보여준다.

3. 사료

四·一九革命을 契機로 하여 우리나라 坊坊曲曲에서는 民主革命의 實踐에 奔走하고 있다. 學園의 事態도 例外가 될 수는 없다. 學園에도 當然히 民主的 改革이 있어야 한다. 特히 一國의 文化를 左右하는 大學이 어떻게 民主的으로 改革되냐는 우리나라 民主發展을 爲한 하나의 試金石이 된다. ……

大學民主化의 重要한 一部分은 學生의 自治活動을 어떻게 하는가다. 以前에는 모든 學生活動이 中央政府의 御用機關인 中央學徒護國團側에 의하여 運營되어왔다. 그러나 벌써 解散되었지마는 中央學徒護國團을 떠난 各級學校의 獨自的 立場에서 學生의 自治活動이 運營되어야 한다.

첫째, 學生自治會의 名稱을 어떻게 呼稱하느냐다. 日前 市內大學學生處長會議에서는 學生會라 呼稱하기로 하였다. 그렇다면 그 學生會를

運營하는데 學生自身들의 意見을 어느 程度 反映시킬 것이며 學生會의 活動內容을 어느方向으로 이끌어갈 것인가 하는 重要問題가 있다. 勿論 學生全般의 意見을 綜合하여 그것을 實踐하는 것을 原則으로 하되 亦是 方向과 判斷에는 敎授의 指導가 必要하다고 생각한다. 그 다음은 學生全體의 意見을 代表하는 機構를 어떻게 만드느냐가 問題인데 이것 亦是 學生의 全體意見과 敎授의 意見을 綜合해서 하나의 原則을 만들어내야 할 것이다. 그러나 '이니시야티브'는 학생이 잡되 方向과 判斷의 未熟은 敎授가 助言해주어야 한다. 同時에 大學이란 學問의 眞理를 探求하는 最高學府란 本然의 姿態를 恒常 念頭에 두고 모든 것이 運營되어야 한다.

● 출전: 『週刊成大』 1960년 5월 25일자 사설, 1면.

4. 참고문헌

정계정, 「'4월 혁명기' 학원민주화운동과 국민계몽운동」, 『성대사림』 12 · 13, 1997.

연정은, 「감시에서 동원으로, 동원에서 규율로: 1950년대 학도호국단을 중심으로」, 『역사연구』 14, 2004.

오제연, 「1960~1971년 대학 학생운동 연구」, 서울대학교 박사학위논문, 2014.

한미행정협정 체결을 둘러싼 갈등과 타협

1. 제목

데모 발생원인 및 데모 연발시 정부로서 취할 방책 수립안(1962년)

2. 해제

한미행정협정의 체결 문제는 주한미군의 폭력 · 범죄와 깊은 관련이 있다. 미군의 폭력 · 범죄에 의한 한국인 피해는 6.25전쟁 이후 1950년대 내내 이어졌지만, 소위 대전협정으로 인해 대한민국 정부는 이 문제에 개입할 수 없었다. 그러다 1962년 봄 미군에 의해 임진강 부근에서 나무꾼이 살해되고, 1962년 5월 말에 파주에서 미군 장교 등 6명이 한국 소년을 절도로 몰아 私刑을 가해 결국 그 소년이 사망하는 사건이 발생하자, 1962년 6월 고려대와 서울대 학생들은 한미행정협정 체결을 촉구하는 시위를 벌였다.

당시 대학생들은 한미행정협정의 조속한 체결을 촉구하면서도, 이 시위가 결코 '반미'나 '반정부' 시위가 아님을 분명히 했다. 박정희의 군사정부도 학생들의 시위에 표면적으로 관대한 태도를 보였다. 그러나 실제로 군사정부는 5.16쿠데타 이후 학생들의 시위가 처음으로 일어났다는 것 자체에 큰 충격을 받았다. 당시 군사정부의 솔직한 입장은, 1962년 6월 15일 내무부가 내각수반 지시각서 13호에 대한 보고로 작성한 「데모 발생원인 및 데모 연발시 정부로서 취할 방책 수립안」에서 확인 가능하다.

이 문서는 먼저 학생시위의 遠因과 近因을 파악하고, '데모 발생에 대한 당국 조치의 諸결함'과 그에 대한 '대책'을 차례로 언급하였다. 여기서 군사정부는 학생시위의 배후에 舊정치인이나 혁신계가 있지 않나 의심하면서, 학생시위를 막지 못한 근본 이유로 허술한 '학원사찰'을 꼽았다. 1950년대부터 1960년대 초까지 정부 차원의 학원사찰이 계속 이어졌지만 여러 가지 면에서 허점이 많았던 것이다. 이에 그 대책 역시 대학 내 정보망의 재정비 강화, 즉 학원사찰의 대폭적인 강화로 결론 내려졌다. 실제로 이 문서의 내용처럼 1962년 한미행정협정체결 촉구시위 이후 학원사찰이 대폭 강화되어, 2년 뒤 1964년 한일회담반대운동(6.3항쟁) 국면에서는 YTP(청사회)로 대표되는 학원사찰 문제가 한일회담 문제 못지않게 큰 논란이 되었다.

3. 사료

〈 원인분석 〉

1. 원인

가. 미국 측의 "한미행협"에 대한 무성의

1) "한미행협" 체결 문제는 6.25 당시 대전에서 체결한 잠정적인 신분 협정 체결 이후 자유, 민주 양 정권이 10여 년을 두고 해결하려

고 하였으나 이는 산발적인 논의에 그쳤을 뿐 아무런 진전도 발견될 수 없었다.

2) 미국 측은 하기의 이유를 들고 "한미행협" 체결을 지연시키고 있다.

가) 한국 정부의 법관의 질, 수용소 및 법률의 미비라는 이유로 미국 청년의 처벌을 한국 정부에게 맡길 수 없다는 미국인의 여론.

나) 미국이 만일 한국과 "행협"을 체결하는 경우 라오스, 베트남, 중국과도 체결의 독촉을 받는다.

다) 현재 한국의 사태는 전시 하이다.

라) 민정 복귀 후에 "한미행협"을 체결하겠다는 미국 측의 근본 방책.

나. 정부 시책의 제결함

1) 현 혁명정부에서도 제반 외교 여건을 고려하여 "행협" 체결 추진에 대한 미온적인 태도로 임하고 있는 것 같은 인상을 국민에게 주었다.

2) 정부의 공보 활동이 미약하였다.

3) 사건 발생 시마다 "인권옹호" 협회 측의 강력한 배상청구의 행동에 비하여 정부는 "행협체결"에 무성의하다고 국민으로부터 오인을 받았다.

4) 미국 측의 선처 대책에 대한 보도보다는 사건 발생 보도의 과장을 허용함으로써 국민감정을 자극하는 역할을 하였다.

5) 5.16군사혁명 이후 압박감을 느껴온 학생들이 자기들의 지위를 향상시켜 보겠다는 잠재적 의식.

6) 모교 전통을 과시하려는 학생들의 자부심과 영웅심.

2. 근인

가. 금년 4.19 2주년 기념행사시 학생들의 요구사항을 만족시켜 주지 못한 정부 시책에 대한 반발.

나. 주한 미 군인이 한국인에 대한 사살 및 폭행 사건의 연발.

다. 최근 미군 만행에 대한 몇몇 자극적 선동적인 보도.

라. 사건 발생 시마다 한국정부와 미국정부 쌍방이 다함께 이에 대처할 적극적인 방책이 없었다.

마. 확증은 없었으나 정치활동 부적격 판정을 받은 구정치인의 사주와 5.16 이후 구속되었다가 석방된 민자통 계열 학생의 배후 조종.

〈 '데모' 발생에 대한 당국 조치의 제결함 〉

1. 내무부

가. 정보분야

1) 인원부족이라는 이유 아래 각 대학별로 단 일명의 학원전담형사도 고정배치 하지 안했다.

2) 각 대학에 대한 학교별, 학생별, 교수별 분석이 되어 있지 아니하였다.

3) 금년 2월 서울대학의 "한미행협" 촉구 결의문 발송 사건 이후 학생들에 대한 계속적인 동향 감시에 소홀하였다.

4) 학원 정보망은 형식적이었고 학원 간부급에 편중적으로 조직되어 있었다.

5) 정보경찰의 노출을 지나치게 통제한 나머지 학원 출입에 제한을 받았다.

6) 정보경찰의 과중한 업무로 자기 본연 임무의 기능을 발휘하지 못하였다.

7) 정보경찰의 교육이 불충분하였다.

(예: '데모' 발생 가능성을 통지받고 상사에 보고치도 않고 임의처리 한 후 이상 없다고 회보한 사실)

8) 사건 와해 공작의 실패.

ㄱ. 평소 경찰이 학생들의 신망을 받지 못하였다.

ㄴ. 학교 내의 주체세력을 사전에 포섭치 못하였다.

나. 기타

1) 경찰지휘권이 수립되어 있지 않았다.

2) 비상시에 대처할 수 있는 사전계획이 수립되어 있지 아니하였다.

3) 경찰관의 활동이 소극적이었다.

4) 미군 주둔 지역에 대한 한국인 방범대책이 수립되어 있지 아니하였다. ……

〈 **대책** 〉

1. 내무부

가. 정보망의 재정비 강화

1) 학교별, 학생별, 교수별 성분 분석.

2) '데모'의 가능성이 있는 학교에 대한 중점적 정보활동.

3) 학원 내 전반에 관한 광범위한 정보망 조직.

4) '데모' 발생 우려가 유할시 주동자의 예비 검속.

나. 적극적인 공작 전개

1) 학생간부는 물론 각분야에서 활동력 있는 학생이나 신망이 있는 학생의 사전 포섭.

2) 평소에는 학원의 자주성을 육성시키면서 가능한 한의 관용과 편리를 제공한다.

3) 치안 담당 기관의 권위 확립.

다. '데모' 발생시 대처할 주동자의 신속한 색출 및 작전계획의 수립과 훈련.

라. 발포를 제외한 모든 강력 수단으로 '데모'를 진압한다. ……

● 출전: 내무부, 「내각수반 지시각서 33호 대한 보고」, 『각의상정안건철(제45회)』, 1962년 6월 15일(국가기록원 관리번호 BA0084321).

4. 참고문헌

서헌주, 「케네디 행정부와 박정희 정권의 주둔군지위협정(SOFA) 협상개시를 둘러싼 갈등 분석, 1961~62」, 『한국정치외교사논총』 27-1, 2005.

임송자, 「1960년대 전국외국기관노조와 한미행정협정 체결 촉구 운동」, 『사림』 32, 2009.

오제연, 「5 · 16쿠데타 이후 대학 학생운동과 정부의 대응 : 농촌운동과 한미행정협정체결촉구시위를 중심으로」, 『歷史教育』 148, 2018.

● ● ●

1. 제목

한미행정협정(1966년)

2. 해제

한미행정협정의 정식 명칭은 '한미주둔군지위협정(Status of Force Agreement, SOFA)'이다. 주둔군지위협정은 외국군이 타국 영토에 주둔함으로 인해 발생하는 법적 지위 및 파생 문제들의 해결 절차 등을 규정하는 국가 간 조약이다. 구체적으로 형사재판권, 청구권, 노무, 시설과 구역 등의 사항을 포함하고 있는 집합체라고 규정된다. 1953년 한미상호방위조약 체결 때부터 한미주둔군지위협정은 예정된 것이었다. 하지만 여러 이견으로 협상은 제대로 진전되지 못했다. 1950년대 이래 계속 이어진 주한미군의 폭력과 범죄 문제로 협정 체결에 대한 한국인들의 요구는 갈수록 커졌지만, 李承晩(1875~1965) 정부는 물론이고 그 뒤 張勉(1899~1966), 朴正熙(1917~1979) 정부에 이르러서까지도 형사재판권 문제에서 한미 양측의 견해차는 크게 좁혀지지 못했다.

하지만 1965년 한일협정 체결과 베트남전 한국군 파병을 계기로 한국의 대미 협상력이 커지면서 1966년 7월 9일 마침내 협정이 체결될 수 있었다. 아래 사료에 나와 있듯이 대체로 한국 측이 1차 재판권을 갖지만 미국 측도 재판권 포기를 요청할 수 있으며, 중요한 사안에서 한국 측은 재판권 행사 의사를 미국 측에 통보해야 한다는 내용이 협정의 골자이다. 협정과 관련한 한미 양측의 양해각서에 따르면, 한국 측이 미군의 범죄 발생을 통고받거나 인지한 때로부터 15일 이내에 형사재판권을 행사하겠다는 통고를 미국 측에 하지 않으면 재판권을 포기한 것으로 간주되었다. 이 협정은 1966년 10월 14일 국회의 동의를 얻어 이듬해인 1967년 2월 9일 법적 효력을 발효하였다. 동시에 기존 대전협정은 폐기되었다. 이 협정은 이후 1991년과 2000년 2차례 개정이 되었으나, 지금까지도 계속 그 불평등성이 문제로 제기되고 있다.

3. 사료

제22조 형사재판권

제1항

가) 합중국 군당국은 합중국 군대의 구성원, 군속 및 그들의 가족에 대하여 합중국 법령이 부여한 모든 형사재판권 및 징계권을 대한민국 안에서 행사할 권리를 가진다.

나) 대한민국 당국은 합중국 군대의 구성원, 군속 및 그들의 가족에 대하여 대한민국의 영역 안에서 범한 범죄로서 대한민국 법령에 의하여 처벌할 수 있는 범죄에 관하여 재판권을 가진다.

제2항

가) 합중국 군당국은 합중국 군대의 구성원, 군속 및 그들의 가족에 대하여 합중국 법령에 의하여서는 처벌할 수 있으나 대한민국 법령에 의

하여서는 처벌할 수 없는 범죄(합중국의 안전에 관한 범죄를 포함한다)에 관하여 전속적 재판권을 행사할 권리를 가진다.

나) 대한민국 당국은 합중국 군대의 구성원, 군속 및 그들의 가족에 대하여 대한민국 법령에 의하여서는 처벌할 수 있으나 합중국 법령에 의하여서는 처벌할 수 없는 범죄(대한민국의 안전에 관한 범죄를 포함한다)에 관하여 전속적 재판권을 행사할 권리를 가진다.

다) 본조 제2항 및 제3항의 적용상, 국가의 안전에 관한 범죄라 함은 다음의 것을 포함한다. (1) 당해국에 대한 반역 (2) 방해행위(사보타지), 간첩행위 또는 당해국 공무상, 국방상의 비밀에 관한 법령의 위반

제3항

재판권을 행사할 권리가 경합하는 경우에는 다음의 규정이 적용된다.

가) 합중국 군당국은 다음의 범죄에 관하여는 합중국 군대의 구성원, 군속 및 그들의 가족에 대하여 재판권을 행사할 제1차적 권리를 가진다. (1) 오로지 합중국의 재산이나 안전에 대한 범죄, 또는 오로지 합중국 군대의 타구성원이나 군속 또는 그들의 가족의 신체나 재산에 대한 범죄. (2) 공무집행 중의 작위 또는 부작위에 의한 범죄.

나) 기타의 범죄에 관하여는 대한민국 당국이 재판권을 행사할 제1차적 권리를 가진다. ……

제5항

다) 대한민국이 재판권을 행사할 합중국 군대의 구성원, 군속 및 그들의 가족인 피의자의 구금은, 그 피의자가 합중국 군당국의 수중에 있는 경우에는 모든 재판절차가 종결되고 또한 대한민국 당국이 구금을 요

청할 때까지 합중국 군당국이 계속 이를 행한다. 그 피의자가 대한민국의 수중에 있는 경우에는 그 피의자는 요청이 있으면 합중국 군당국에 인도되어야 하며 모든 재판절차가 종결되고 또한 대한민국 당국이 구금을 요청할 때까지 합중국 군당국이 계속 구금한다. 피의자가 합중국 군당국의 구금 하에 있는 경우에는, 합중국 군당국은 어느 때든지 대한민국 당국에 구금을 인도할 수 있으며, 또한 특정사건에 있어서 대한민국 당국이 행할 수 있는 구금인도의 요청에 대하여 호의적 고려를 하여야 한다. ……

● 출전: 『東亞日報』 1966년 7월 9일자 호외, 2면.

4. 참고문헌

국사편찬위원회 편, 『한미 행정협정 문서 Ⅰ(1954~1961)』, 과천, 국사편찬위원회, 2008.

국사편찬위원회 편, 『한미 행정협정 문서 Ⅱ(1962~1966)』, 과천, 국사편찬위원회, 2008.

김창수, 「한미상호방위조약과 한미행정협정」, 『역사비평』 54, 2001.

서헌주, 「韓美 SOFA豫備協商에 관한 硏究: 이승만, 장면 및 박정희 정부의 對美SOFA예비협상 비교연구」, 고려대학교 박사학위논문, 2004.

남북한의 갈등과 대화

1. 제목

미국 정부가 파악한 북한의 위기조성 의도와 대남 역량(1967년)

2. 해제

1965년 한국군 전투부대가 베트남에 파병되자 한반도에서도 남북한의 군사적 긴장관계가 고조되기 시작했다. 1966~1967년 북한에서 온건파가 숙청되고 군사적 대결주의를 앞세우는 강경파가 득세하면서 북한의 대남 군사도발은 더 크고 빈번해졌다. 1968년은 그 정점을 찍은 해였다. 북한 124군 부대원 31명이 청와대를 기습하기 위해 남파된 1.21사태를 시작으로 이틀 뒤인 1월 23일에는 동해상에서 미군 정보함 푸에블로호가 북한군에 나포되었고 10월 말에는 울진·삼척에 북한 무장게릴라 120여 명이 침투한 사건이 연이어 발생했다. 그 이듬해인 1969년 4월 15일에도 미군 정보기 EC 121기가 북한군에 의해 격추되는 등 남북한, 북미간 긴장이 극도로 고조되었다. 이를 흔히 1960년대 후반의 '안보위기'라 부른다.

1967년 9월 미국 국가정보국(CIA)과 국무부 및 국방부의 정보조직이

참여하여 작성한 보고서에 따르면, 미국은 북한의 대남 군사도발 전술이 베트남전의 영향을 강하게 받았다고 보았다. 그리고 북한이 한국의 후방지역에 게릴라 유형의 조직들을 침투시키려는 시도를 계속할 것으로 보았다. 하지만 미국은 북한의 대남 군사도발이 전면전을 의도하는 것으로는 보지 않았다. 단, 북한의 도발에 대한 한국의 반격이 작용과 반작용을 증폭시켜 양측간 전면적인 적대행위로 확대될 가능성을 경계했다. 이러한 보고서의 내용은 얼마 후 1968년에 발생한 일련의 안보위기 상황을 이해하는 것과 더불어, 당시 미국이 취했던 태도를 이해하는 데 많은 도움을 준다.

3. 사료

Conclusions

A. We believe that the recent, more vigorous activities of North Korea against the South have several motivations: to create new pressures on the Pak government; to tie down large ROK forces; to strengthen the Communist clandestine apparatus in the South; and to be in a position to exploit any new and major disruption in the ROK. The timing of these tactics has been strongly influenced by the Vietnamese War, for example by such factors as the absence of 50,000 ROK troops in South Vietnam.

B. The North Koreans will almost certainly continue their campaign of military harassment in the DMZ, at current or even increased levels. We believe that North Korea undertook its program of violence of its own volition, not under pressure from either Moscow or Peking, and that this program does not indicate a present Communist intention to invade South Korea. Pyongyang is conscious of the risks inherent in such an action and would be reluctant to accept them. Similarly, there is probably no intention of escalating the DMZ attacks to a point at which open warfare might result. The North might miscalculate, however, and raise the ante along the DMZ until the ROK resolves to strike back in force. A series of actions and reactions might ensue which could lead to open hostilities.

C. North Korea will also continue attempts to infiltrate guerrilla-type teams into rear areas of South Korea. Communist chances of establishing viable bases for guerrilla operations are probably poor, but some teams will be able to carry out short-term terrorist and sabotage missions.

[Here follows the Discussion section of the estimate.]

Source: Department of State, INR/EAP Files: Lot 90 D 99, SNIE 14.2–67. Secret; Controlled Dissem.

According to a note on the cover sheet, the Central Intelligence Agency and the intelligence organizations of the Departments of State and Defense and of the National Security Agency participated in the preparation of this estimate. All members of the USIB concurred with this estimate on September 21 except the representatives of the Atomic Energy Commission and the Federal Bureau of Investigation, who abstained on the grounds that the subject was outside their jurisdiction.

As a result of North Korea's "current activities" and "its incipient campaign of terror and sabotage in rear areas of South Korea," on October 25 the USIB agreed that intelligence efforts concerning the political, economic, and military situation in North Korea should be increased. (Memorandum for the United States Intelligence Board, October 25, with attachment; ibid.)

- 출전: "130. Special National Intelligence Estimate", Washington, September 21, 1967, *Foreign Relations of the United States, 1964-1968, Volume XXIX, Part 1, Korea.*

4. 참고문헌

홍석률, 『분단의 히스테리: 공개문서로 보는 미중관계와 한반도』, 서울, 창비, 2012.

한모니까, 「1960년대 북한의 경제 · 국방병진노선의 채택과 대남정책」, 『역사와 현실』 50, 2003.

박태균, 「1960년대 중반 안보위기와 제2경제론」, 『박정희시대 연구의 쟁점과 과제』, 서울, 선인, 2005.

• • •

1. 제목

남북 사이의 화해와 불가침 및 교류 협력에 관한 합의서(1991년)

2. 해제

1960년대 후반 안보위기는 1970년대 들어와 동서 진영 간 데탕트가 본격화되면서 점차 완화되기 시작했다. 남북한은 이러한 새로운 환경에 대응하여 대화에 적극적으로 나섰다. 먼저 1971년 여름부터 이산가족 상봉 등의 현안을 논의하기 위한 남북적십자회담이 개최되었고, 1972년 7월 4일에는 서울과 평양에서 동시에 '남북공동성명'이 발표되었다. 하지만 이러한 대화 분위기는 오래 가지 못했다. 1973년 이후 오랫동안 남북한은 다시 갈등과 대결의 관계를 지속했다.

1980년대 후반 소련이 개혁정책, 개방정책을 추진하자 그 여파는 동유럽 사회주의체제 전반에 미쳤다. 자유 진영과 공산 진영 사이의 냉전이 약화되는 세계적인 변화에 발맞춰, 한국은 그동안 적대적인 관계를 지속하고 있었던 동유럽 사회주의체제 국가들과 관계 개선에 나섰다. 공산권에 대한 적극외교는 남북대화의 활성화로 이어졌다. 특히 제2차 세계대전 이후 동독과 서독으로 분단되어 있던 독일이 1989년 11월 베를린장벽 붕괴 후 1990년 10월 드디어 역사적인 통일을 이뤄내자, 남북통일의 가능성도 그 어느 때보다 높아졌다. 이에 1990년 9월부터 남북고위급회담 본회담이 열렸고, 남북통일축구

대회 등 교류도 활발해졌다. 1991년 9월 17일에는 남과 북이 동시에 유엔에 가입했다.

남북한 동시 유엔가입 직후인 1991년 12월 제5차 남북고위급회담 본회담에서는 한국의 鄭元植(1928~) 국무총리와 북한의 延亨默(1931~2005) 정무원총리가 서명한 「남북 사이의 화해와 불가침 및 교류협력에 관한 합의서」가 채택되었다. 일반적으로 '남북기본합의서'라고 부르는 이 합의서에서 남과 북은 남북관계를 통일을 지향하는 과정에서 잠정적으로 형성된 특수관계로 규정하고, 상대방의 국가적 실체는 인정하되 국가로는 승인하지 않기로 합의했다. 이 합의서는 상대방 체제의 인정과 존중, 내정불간섭을 명시하고, 남북 불가침과 교류·협력에 관해 여러 사항을 규정했다. 1972년 7.4남북공동성명이 통일의 원칙(자주, 평화, 민족대단결)을 밝혔다면, 남북기본합의서는 남북관계 및 불가침, 교류·협력 사항을 구체화했다는 점에서 의의가 있다.

3. 사료

남과 북은 분단된 조국의 평화적 통일을 염원하는 겨레의 뜻에 따라 7.4남북공동성명에 천명된 조국통일3대원칙을 재확인하고, 정치군사적 대결상태를 해소하여 민족적 화해를 이룩하고, 무력에 의한 침략과 충돌을 막고 긴장완화와 평화를 보장하며, 다각적인 교류·협력을 실현하여 민족공동의 이익과 번영을 도모하며, 쌍방사이의 관계가 나라와 나라 사이의 관계가 아닌 통일을 지향하는 과정에서 잠정적으로 형성되는 특수관계라는 것을 인정하고, 평화통일을 성취하기 위한 공동의 노력을 경주할 것을 다짐하면서, 다음과 같이 합의하였다.

제1장 남북 화해

제1조 남과 북은 서로 상대방의 체제를 인정하고 존중한다.

제2조 남과 북은 상대방의 내부문제에 간섭하지 아니한다.

제3조 남과 북은 상대방에 대한 비방·중상을 하지 아니한다.

제4조 남과 북은 상대방을 파괴·전복하려는 일체 행위를 하지 아니한다.

제5조 남과 북은 현 정전상태를 남북 사이의 공고한 평화상태로 전환시키기 위하여 공동으로 노력하며 이러한 평화상태가 이룩될 때까지 현 군사정전협정을 준수한다.

제6조 남과 북은 국제무대에서 대결과 경쟁을 중지하고 서로 협력하며 민족의 존엄과 이익을 위하여 공동으로 노력한다.

제7조 남과 북은 긴밀한 연락과 협의를 위하여 이 합의서 발표 후 3개월 안에 판문점에 남북연락사무소를 설치·운영한다.

제8조 남과 북은 이 합의서 발효 후 1개월 안에 본회담 테두리 안에서 남북정치분과위원회를 구성하여 남북화해에 관한 합의의 이행과 준수를 위한 구체적 대책을 협의한다.

제2장 남북 불가침

제9조 남과 북은 상대방에 대하여 무력을 사용하지 않으며 상대방을 무력으로 침략하지 아니한다.

제10조 남과 북은 의견대립과 분쟁문제들을 대화와 협상을 통하여 평화적으로 해결한다.

제11조 남과 북의 불가침 경계선과 구역은 1953년 7월 27일자 군사정전에 관한 협정에 구성된 군사분계선과 지금까지 쌍방이 관할하여 온 구역으로 한다.

제12조 남과 북은 불가침의 이행과 보장을 위하여 이 합의서 발효 후 3개월 안에 남북군사공동위원회를 구성 · 운영한다.

남북군사공동위원회에서는 대규모 부대이동과 군사연습의 통보 및 통제문제, 비무장지대의 평화적 이용문제, 군인사교류 및 정보교환문제, 대량 살상무기와 공격능력의 제거를 비롯한 단계적 군축실현문제, 검증문제 등 군사적 신뢰조성과 군축을 실현하기 위한 문제를 협의 · 추진한다.

제13조 남과 북은 우발적인 무력충돌과 그 확대를 방지하기 위하여 쌍방 군사당국자 사이에 직통전화를 설치 · 운영한다.

제14조 남과 북은 이 합의서 발효 후 1개월 안에 본회담 테두리 안에서 남북군사분과위원회를 구성하여 불가침에 관한 합의의 이행과 준수 및 군사적 대결상태를 해소하기 위한 구체적 대책을 협의한다. ……

1991년 12월 13일

남북고위급회담 남측대표단 수석대표	북남고위급회담 북측대표단 단장
대한민국 국무총리 **정원식**	조선민주주의인민공화국 정무원총리 **연형묵**

● 출전: 통일원 통일정책실 편, 『「南北基本合意書」 解說』, 서울, 통일원, 1992, 157-161쪽.

4. 참고문헌

統一院 統一政策室 편, 『「南北基本合意書」 解說』, 서울, 統一院, 1992.

김지형, 『데탕트와 남북관계』, 서울, 선인, 2008.

김연철, 「노태우 정부의 북방정책과 남북기본합의서」, 『역사비평』 97, 2011.

박재우

성균관대학교 사학과 부교수
서울대학교 국사학과 박사(한국중세사 전공)

저서로는 『고려전기 대간제도 연구』(새문사, 2014), 『고려 국정운영의 체계와 왕권』(신구문화사, 2005) 등이 있고, 논문으로는 「고려 최씨정권의 권력행사와 왕권의 위상」(『한국중세사연구』 46, 2016), 「고려전기 姜邯贊의 관료 진출과 정치활동의 성격」(『歷史學報』 228, 2015), "The Social Background of the Implement of Confucian Politics in Early Koryŏ"(*Acta Koreana*, vol. 18, 2015) 등이 있다.

조성산

성균관대학교 사학과 부교수
고려대학교 사학과 박사(한국근세사, 조선사 전공)

저서로는 『정조와 정조 이후』(공저, 역사비평사, 2017), 『조선 후기 낙론계 학풍의 형성과 전개』(지식산업사, 2007) 등이 있고, 논문으로는 「18~19세기 조선 봉건·군현제 논의의 역사적 전개」(『歷史學報』 236, 2017), 「연암그룹의 夷狄 논의와 『春秋』」(『한국사연구』 172, 2016), "The Yeonam Group's Anthologies of Korean Literature Written in Classical Chinese and Adherence to the Chinese Civilization in the Mid-18th and Early 19th Centuries"(*Korea Journal*, vol. 55, no. 3, 2015) 등이 있다.

임경석

성균관대학교 사학과 교수
성균관대학교 사학과 박사(한국근대사 전공)
저서로는 『제국주의 체제와 동아시아 대항담론』(공저, 선인, 2016), 『모스크바 밀사: 조선 공산당의 코민테른 가입 외교, 1925~1926년』(푸른역사, 2012) 등이 있고, 논문으로는 「해방직후 3·1운동 역사상의 분화」(『사림』 62, 2018), 「코민테른의 1924년 2월 결정서연구」(『한국사학보』 58, 2015), 「고려공산당 창립대표회 준비위원회의 성립」(『역사학보』 225, 2015) 등이 있다.

오제연

성균관대학교 사학과 조교수
서울대학교 국사학과 박사(한국현대사 전공)
저서로는 『6월 민주항쟁: 전개와 의의』(공저, 한울아카데미, 2017), 『학생운동의 시대』(공저, 선인, 2013) 등이 있고, 논문으로는 「1970년 전후 한국 학생운동의 새로운 양상과 68운동의 '스튜던트 파워'」(『역사비평』 123, 2018), 「1960년대 한국 대학축제의 정치풍자와 학생운동」(『사림』 55, 2016), 「제2공화국 시기 윤보선 대통령의 헌법상 권한과 정치 관여 논란」(『한국인물사연구』 23, 2015) 등이 있다.

사료로 보는 한국사의 변동

초판 1쇄 인쇄 2019년 12월 26일
초판 1쇄 발행 2019년 12월 31일

지은이 박재우 · 조성산 · 임경석 · 오제연
펴낸이 신동렬
책임편집 신철호
편집 현상철 · 구남희
마케팅 박정수 · 김지현

펴낸곳 성균관대학교 출판부
등록 1975년 5월 21일 제1975-9호
주소 03063 서울특별시 종로구 성균관로 25-2
전화 02) 760-1253~4
팩스 02) 762-7452
홈페이지 press.skku.edu

ISBN 979-11-5550-374-4 93910